贫困村创业致富带头人风采录

吴晶 林鄂平 朱洁英 梁木 ◎ 著

经济日报出版社

图书在版编目（CIP）数据

贫困村创业致富带头人风采录 / 吴晶等著. -- 北京:
经济日报出版社, 2020.8
ISBN 978-7-5196-0705-0

Ⅰ. ①贫… Ⅱ. ①吴… Ⅲ. ①农村－创业－企业家－
访问记－中国 Ⅳ. ①K825.38

中国版本图书馆CIP数据核字(2020)第149643号

贫困村创业致富带头人风采录

作　　者	吴　晶 林鄂平 朱洁英 梁　木
责任编辑	黄芳芳
责任校对	温　海
出版发行	经济日报出版社
地　　址	北京市西城区白纸坊东街2号A座综合楼710（邮政编码：100054）
电　　话	010-63567684（总编室）
	010-63584556（财经编辑部）
	010-63567687（企业与企业家史编辑部）
	010-63567683（经济与管理学术编辑部）
	010-63538621 63567692（发行部）
网　　址	www.edpbook.com.cn
E-mail	edpbook@126.com
经　　销	全国新华书店
印　　刷	中国电影出版社印刷厂
开　　本	710×1000毫米 1/16
印　　张	11.5
字　　数	130千字
版　　次	2020年9月第1版
印　　次	2020年9月第1次印刷
书　　号	ISBN 978-7-5196-0705-0
定　　价	48.00元

前言

一个人持续做好一件事，需要情怀、追求和能力。

因为情怀，普通农家女坚持13年打通一条出山隧道，成功企业家舍弃城里顺风顺水的生意返乡创业。

因为追求，年逾古稀的退休老干部百余次往返贫困地区扶贫，90后高位截瘫姑娘坐着轮椅带着乡邻奔小康。

他们是贫困村的创业致富带头人，脑子活、办法多，让村民在家门口就业脱贫，将一个个曾经的“贫困样本”打磨成“脱贫样本”。

目前全国已有创业致富带头人30余万，分布在12万多个贫困村。本书主创团队选取了他们中的一些代表，深入采访写作，窥一斑而知全豹。

一

2020年是脱贫攻坚“收官年”。“收官”，意味着脱贫攻坚取得决定性成就。

常去贫困地区的人会有很直观的感受。前几年去，沿途山路颠颠簸簸，进了村坑坑洼洼，晴天尘土满鞋，雨天道路泥泞，贫困户房子破破烂烂，有的家徒四壁，一年也吃不上几次肉，不少孩子没有上学或中途辍学，很多人生病基本靠扛。这几年再去，贫困村都发生了实实在在的变化，道路平坦通畅，新房子一片连着一片，贫困群众吃穿不愁，教育、医疗等保障也普遍改善。

有这么几组数据，具有代表性。按现行农村贫困标准，贫困人口从2012年年底的9899万人减到2019年年底的551万人，累计减贫9348万人；全国832个贫困县未摘帽的还剩52个，区域性整体贫困基本得到解决；全国建档立卡贫困户人均纯收入由2015年的3416元增加到2019年的9808元，年均增幅30.2%；960多万贫困人口通过易地扶贫搬迁摆脱了“一方水土养活不了一方人”的困境。

此中成就，包含千千万万创业致富带头人发展产业、解决就业的努力。

二

“收官”，也意味着攻克最后的贫困堡垒。

而挑战，不可回避。

剩余贫困“硬骨头”的挑战。全国还有52个贫困县未摘帽、2707个贫困村未出列、建档立卡贫困人口未全部脱贫。虽然同过去相比总量不大，但都是贫中之贫、困中之困，是最难啃的硬骨头。“三保障”问题基本解决了，但稳定住、巩固好还不是一件容易的事情，有的贫困家庭的孩子反复失学辍学，不少乡村医疗服务水平低，一些农村危房改造质量不高，有的地方安全饮水不稳定，还存在季节性缺水。剩余建档立卡贫困人口中，老年人、患病者、残疾人的比例达到45.7%。

新冠肺炎疫情带来新的挑战。首先是外出务工。据国务院扶贫办统计，2019年全国有2729万建档立卡贫困劳动力在外务工，这些家庭三分之二左右的收入来自外出务工，涉及三分之二左右建档立卡贫困人口。一些贫困劳动力外出务工受到影响而收入减少。同时，贫困地区农畜牧产品卖不出去，农用物资运不进来，生产和消费下降，影响产业扶贫增收。此外，易地扶贫搬迁配套、饮水安全工程、农村道路等扶贫项目开工不足，不能按计划推进。

脱贫成果巩固难度的挑战。已脱贫的地区和人口中，有的产业基础比较薄弱，有的产业项目同质化严重，有的就业不够稳定，有的政策性收入占比高。据国务院扶贫办初步摸底，各地已脱贫人口中有近200万人存在返贫风险，边缘人口中还有近300万存在致贫风险。

应对挑战，需要立足乡土的创业致富带头人靶向治疗、精准施策的智慧。

三

“收官”不等于鸣金收兵。

中国共产党的初心和使命，就是为中国人民谋幸福，为中华民族谋复兴。2020年后的接续推进脱贫攻坚与乡村振兴战略有效衔接，既是建立稳定脱贫机制的需要，也是脱贫攻坚战解决绝对贫困问题后，与建立解决相对贫困机制无缝对接的需要，更是中国共产党向第二个百年奋斗目标进军的需要。

立足国内看，有的摘帽县现有产业扶贫项目单一、同质化，无法产生持续效益和规模效益，需要构建起稳定脱贫的产业扶贫长效机制。现存52个未摘帽的贫困县，经济社会各方面的薄弱点还较多，将来摘帽后存在的返贫因素也会多。全国易地扶贫已搬迁960多万贫困人口，随后的重点是稳得住、有就业、逐步能致富。因此，建立防止返贫监测和帮扶机制，对脱贫不稳定户、边缘易致贫户采取针对性帮扶措施，将是一种常态。

放眼全球看，“一带一路”建设承载着中国对共同发展的追求，需要继续加强与发展中国家和国际机构在减贫领域的交流合作，引领全球减贫事业，为全人类做出更大贡献。联合国秘书长古特雷斯说，精准扶贫方略是帮助贫困人口、实现2030年可持续发展议程设定的宏伟目标的唯一途径，中国的经验可以为其他发展中国家提供有益借鉴。

显然，脱贫摘帽不是终点，而是新生活、新奋斗的起点。

在本书中，贵州麻怀村的创业致富带头人邓迎香，面对外地来村子里参观考察的人说了一句话，“隧道已成为过去，新时代我们麻怀村还要有新作为”。

是的，新时代呼唤新作为。如何让产业更接地气、更具活力、更适应市场？如何更好地发挥出产业的带贫益贫效能，成为乡村振兴的生力军？

创业致富带头人在思考中前行。

林鄂平

2020年5月

目 录 Contents

不畏苦寒迎香来——邓迎香

贵州南部的大山深处，有一个小山村叫麻怀村。“九山半水半分田，一山之隔两重天”，说的就是麻怀村恶劣的自然环境。

一条小径，是麻怀村祖祖辈辈出山的必经之路。山路崎岖难行，很多人放牛放马，一不小心就会摔下山崖。

村民要出趟门，必须翻山越岭，走上三个钟头。最害怕的就是生病，有的人还没翻过山就死了。

就是在这里，就是在这个大山罩住的“天坑”里，一个只有小学一年级文化的农村妇女，认准了“我命由我不由天”的死理，硬是带领村民在大山腹部“啃”出一条汽车隧道，改变了麻怀村出山无路的历史。

大山啊！把我的孩子还给我

漆黑的夜，一片死寂。

一束微弱的光晃动着，茫然无措地闯入这片黑暗。慌乱而急促的脚步声，淹没在望不到尽头的山路上。一对年轻的夫妇，要为高烧不退的孩子寻求生的希望。

夜越来越深，山越来越陡，丈夫的喘息声越来越重，孩子的呼吸声渐渐弱下去。

没等翻过大山，幼小的生命便没了气息。呼啸而过的风，无情地吞噬着他们绝望的恸哭。

那是1993年5月16日的深夜，邓迎香失去了刚刚3个月大的儿子。

大山啊！把我的孩子还给我！

面对女人的哀嚎，山谷依旧沉默。

这横亘在眼前的大山，埋葬了她这一生最深的痛。

那永远也踏不平的山路，成了她这辈子最大的敌人。

千百年来，千百个漆黑的夜，有多少麻怀村的村民，想要越过这高大的山，从死神手中抢回亲人的生命。

可是，他们只能认命。

窝在天坑里，就是他们的命！向大山低头，就是他们的命！

麻怀村所处的地方，自古被称为天坑，属于典型的喀斯特地貌。上亿年间的水溶与冲刷，造成岩石大量沉积、塌陷，在绵延的大山中形成一个个特大的漏斗，牢牢地把村庄锁在了坑谷。

村里5个村民小组6个自然寨的村民想外出，必须手脚并用、翻越两座大山。为了赶场子卖点儿农产品，4点就得起来赶路。起晚了，蔬菜打了蔫儿，只能咬咬牙、贱卖了。漫山的果子熟了，也只能烂在泥里。

上学的孩子最苦。邻村有学校，不到10岁的孩子，根本赶不了那么远的路。上午9点的课，6点就得出发，孩子坐进了教室，累得只想打瞌睡。

山，阻隔了生计，耽误了前程，更夺去了人们最后的生机。村里有很多人和邓迎香一样，因为这山，失去了抢救亲人的机会，也失去了生活下去的信心。

山，堵在家门口，沉甸甸地压在邓迎香的心口。失去孩子的痛苦与遗憾，紧紧地扼住她的咽喉。

每到天黑，邓迎香就枯坐在煤油灯前，想念自己的老家。

老家爱停电,每次来电后，各家各户都会一齐传来欢呼声。而麻怀村没有电，只有煤油灯，到了夜晚，整个村子都陷入黑暗，毫无生气。

“我们走吧，离开这里！”1994年冬月，邓迎香和丈夫袁端林决定逃离这片伤心之地，回到董当镇高峰村——邓迎香的娘家。

隧洞打通了，可这压在头顶的大山依旧沉重

1999年，邓迎香和丈夫离开的第5个年头，麻怀村又一次被环绕着的大山压垮了。

国家实施农村电网改革，麻怀村山高路险，电线杆、变压器运不进来，电网建设被无限期搁置。

每当夜幕降临，村里就一片漆黑。在这个被外界遗忘的地方，村民每晚守着忽明忽暗的煤油灯，熬着暗淡无光的苦日子。

我们祖祖辈辈困在这大山里，难道我们的子孙还要这样活下去吗？！

村干部汪贵才、李德龙召集村民组长曹响国、邓永昌议了议，他们决定，不管千难万难，也要给麻怀村开出一条路来。

经勘察，广山坡半山腰有一个长40米、高1米的溶洞。专家研究后认为，就以这个溶洞为突破口，打一条连通外界的隧洞。

村委副主任李德龙带头，麻怀村民集资1500多元，购置大锤、锄头及蜡烛、煤油等物资，自己投工投劳，于当年冬月初八正式开工。

听到这个消息，在外打工的邓迎香有片刻恍惚。她放下手里的活计，长叹一口气。

如果早一点凿洞通路，孩子会不会就能活下来了……带着这样一种念头，邓迎香和一起打工的丈夫合计了一下，决定把家里的土地给同村的罗兴仁耕种,粮食收获后归罗兴仁所有，由罗兴仁代替他们参与凿洞通路。

夫妇两个还在工厂里焊了三个铁撮箕，捎回村委会,支持大家伙儿挖掘隧洞。

大山里的人，哪里修过隧道啊，更没有什么像样的工具。

60多个壮劳力爬进溶洞，坐在冰冷的溪水里，一锤一镐砍山凿石。凿出来的渣土，再徒手运到外面。

溶洞狭窄而又黑暗，村民们只能跪着甚至趴着进入，点着煤油灯和蜡烛做工。一天下来，整个人都僵成一团，鼻孔被熏得黑黑的。

山的对面，还有另一队施工的村民。两支队伍从两个方向同时开凿，哪天他们在大山内部会合了，隧洞就打通了。

可是，没有专业指导，两支队伍很难确认彼此的方向。村民们想出了“放爆竹听声音”的办法——这边的人在溶洞中放爆竹，那边的人听着，如果声音比以前远，一定是洞打弯了。

叮叮当当，日复一日，凿洞开山的声音顺着山涧传开去，虽然单调，却悦耳动听，一下接着一下，仿佛敲开了麻怀人的心坎。

经过一年没日没夜的努力，一条全长216米的隧洞基本打通，村民出村的时间一下子缩短到15分钟。虽交通工具无法通行，但电线杆终于被抬进了村里。

麻怀村通电了！那一夜，村里亮起的灯照亮了村民们的心。这是历史上第一次，麻怀人战胜了大山！

很快，隧洞两边修起了村级公路。就差最后200多米，麻怀村就可以告别不通公路的历史，村民们决定：继续拓宽隧洞，让车子自由通行。

寒来暑往，一晃4年。

2004年的一天午夜，一声炮响，隧洞终于打通了！

从此以后，村民可以坐着摩托车和马车外出办事。孩子们到邻村上学只要20分钟。

整个村庄沸腾了！

村民们把砖瓦和水泥运到隧洞外口,通过人力搬运到隧洞内口,再装上马车运进村子,村里的小平房多了起来。但这终究只是一个又矮又窄、坑洼不平的隧洞。麻怀人还想继续拓路，让卡车、汽车畅通无阻。

可是，麻怀人太穷了。雷管炸药要花钱，水泥材料要花钱，几年下来，地方政府和村里的钱都花光了，路还没修好。

村委会副主任李德龙负责跑资金、炸材，也参与现场施工。有时人还没跑出洞，炮声就在耳边响起，最多时一轮有18声炮响。路还没修完，李德龙的耳膜被震破了，装上了助听器。

为了雇拖拉机运石料，村里欠下2000元债，债主跑到李德龙家，牵走了他家唯一一头水牛。

身体累垮了，心气也没了。就这样修下去，要等到猴年马月？！

原来跑得最勤快的李德龙发誓，这辈子再也不修路了。

村民们灰了心，有的举家迁往山外。更多的年轻人走出大山，外出打工。

大山的腹部被村民们挖了个洞，可是它依旧挺立，俯视着每一个在隧洞中躬身穿行的人。

麻怀人是欣喜的，从隧洞中径直而过，就能通向外面的世界。麻怀人又是苦涩的，每一次屈膝而行，都仿佛背负着沉重的大山，背负着麻怀人无法抗争的命运。

为什么，生活竟与这山路一样难

隧道停修的那一年，邓迎香回到了麻怀村。

这个年轻的女人刚刚失去了丈夫。她目光呆滞、面如槁木，手里牵着一对活泼可爱的儿女，却鲜少露出笑意。

21岁，因为山路阻隔，3个月大的儿子病死怀中。

32岁，因为煤矿事故，相亲相爱的丈夫突然离去。

邓迎香的泪流干了，心也死了。

1991年春，桃花开遍了山谷。19岁的邓迎香与麻怀村村民袁端林一见钟情。她爱笑，一身土布褂子遮不住她的青春活泼；他健谈，她见过的小伙儿哪个也没有他阳光帅气。

“不行！麻怀村是出了名的穷旮旯。”邓迎香的父亲极力反对这门亲事，气得跳脚。

隔山相对，邓迎香的老家董当乡高峰村和麻怀村比起来，可谓一个天上一个地上。

高峰村良田多，长年能吃上米饭，且交通便利，汽车直通家门口。对于当时的黔南地区，算是一个好地方。

“爹你不同意，我也要嫁！”看到女儿这么固执，父亲没办法，抄起扫把狠狠抽打了她一顿。

二十几条红印深深烙在她的腿上，却扭不回她的心意。趁着爹娘不注意，她跑出了家门，独自走了5个小时的山路，寻到了意中人。他牵着马，扶着她坐在马背上，翻过2个多小时崎岖陡峭的山路，抵达麻怀村。

从田坝嫁进深山，这姑娘是不是喝了迷魂汤？村里人都很吃惊。过去，没有哪个外乡的姑娘愿意嫁进来，实在没办法的，最后也都逃离了这里。

没过几天，邓迎香的父亲就带了二十几个人,拿着镰刀和锤头,闯进了麻怀村，将袁端林的家团团围住。

“别人都往好地方跑,你却米箩跳糠箩。不跟我回去,我就放火把房子烧了。”父亲瞪着女儿，下了最后通牒。

母亲在一旁哭红了眼,拉着女儿哀求:“爹妈是为你好,不想你做傻事。”

可是，邓迎香是铁了心，这辈子跟定袁端林。

最终，父亲的那把火没有放。此后整整三年，老家大门紧闭，不让这个犯傻的闺女踏进半步。

贫穷并没有吓退一对渴望幸福的新人。

麻怀村田少土多,逢年过节才能吃上米,平时只有硬硬的包谷饭。邓迎香就将干包谷泡软，再用石磨推成糊糊，煮出的包谷饭又软又香。

夫妻俩每天种菜、喂猪，起早贪黑。日子虽然清苦，却有平淡的甜蜜。

谁知，噩运就如这重重大山，狠狠地砸向了邓迎香。

1993年,邓迎香与袁端林的第一个孩子出生了。如获至宝，夫妻俩上山干活都会将这小小的娃儿背在背上,舍不得交给别人照看。

然而，短短3个月后，孩子等不及出山救治，因病夭折。邓迎香和丈夫逃离了伤心之地，在邻近乡镇的煤矿打工。

日子渐渐好了起来，一双儿女也相继出生。正当她渐渐从丧子的阴影中走出，丈夫的突然去世又把她推入更深的谷底。

为什么，老天要让她家破人亡?

为什么，生活竟与这山路一样难?

失魂落魄的邓迎香处理完丈夫的后事，带着一双儿女，重新回到麻怀村。

这次回来，她不再翻山越岭，而是从一个刚刚打通的隧洞进了村。

麻怀村还是当初的那个麻怀村。隧洞就是隧洞，成不了通坦大路。生活就是如此，还能有什么改变?

被大山打击的麻怀村又一次迎来被命运打击的邓迎香。

这一次重逢，仿佛冥冥中注定，酝酿着一次彻底的抗争。

大山一天不通路，麻怀人就没有出头之日

邓迎香回到麻怀村后,做的第一件事就是修房子。她把多年在外务工的积蓄拿出来,盖起了砖混小平房。

休息的时候，她会静静地对着大山发呆。看着看着，这大山化作了一把锁，锁住了出山的路，也锁住了她的眉头。

偶尔，她的脑海中会蹦出一些奇怪的念头：如果没有这些山，我的命是不是不会这么苦？如果搬开这些山，麻怀人的日子是不是就好过一些?

大山锁住了苦命的人，又让同命相连的人遇到一起。

几年前，村委会副主任李德龙的前妻外出赶乡场,从搭乘的摩托车上摔下沟里，不幸去世。

看着这个因为山路没了媳妇、为了修路震破耳膜的男人，邓迎香觉得，他们俩心中有一样的苦，他和她能够想到一处去。

又一次，邓迎香选择了麻怀村的男人。她和李德龙组建的新家庭中，李德龙有3个孩子、两位70多岁多病的父母，邓迎香有一儿一女。

既要赡养老人，又要抚育孩子，夫妻俩肩上的担子很重。

李德龙的大儿子李飞要参军，二女儿李琼准备读职校，三女儿李丽正在上中学，为了不让孩子们辍学，邓迎香把前夫矿难赔偿的4.8万元全部拿了出来。

李德龙的大儿子李飞急用钱，她把自己女儿心爱的狗卖了，换了100多元钱给他送去。

在邓迎香心中，在一起就是一家人，李德龙的孩子，她都视如己出。

李德龙的二女儿李琼要结婚，邓迎香忙前忙后，置办嫁妆，比嫁亲生的女儿还要紧张。

2010年的国庆节，是全家选好的良辰吉日。亲朋好友纷纷前来祝贺，麻怀村热闹非凡。

新娘穿着婚纱，众人纷纷赞美。邓迎香听得心里乐开花：“女儿可是全村第一个穿着婚纱出嫁的新娘啊！”

婚庆仪式上，一对新人要穿过村里的隧洞。谁知天公不作美，山中刚下过一场大雨，隧洞里淌着齐膝的水流。

无奈之下，李琼脱掉高跟鞋，穿上拖鞋，一手抓着雪白的婚纱，一手挽着新郎，在低矮的隧洞里，蹚着水，踉跄前行。

从洞里出来，一对新人已经变成了“泥人”，迎接他们的不是祝福的掌声，而是亲朋好友难以抑制的笑声。

这本应是女儿最美丽、最幸福的时刻啊！邓迎香看在眼里，疼在心里。

酒席上,邓迎香热情地招呼着叔伯家的姊妹。看着两家茁壮成长的儿女，她提议亲上加亲、攀个亲家。谁知对方却打趣说:“人亲路难走,攀起也是说空话。车都进不来,你们搬出去还差不多。”

亲戚的一句玩笑话,深深刺痛了邓迎香。

晚上送走宾客后，她躺在床上辗转反侧，越想越不是滋味。

小儿子的生病夭折、前夫的不幸遇难、女儿的婚纱染泥……多年来的辛酸、怨愤夹带着不甘，一股脑涌上心头。

这一切的痛苦，都是因为穷！这穷苦的病根，都是因为路!

大山一天不通路，麻怀人就没有出头之日！

电光石火间，邓迎香的心中有了主意。她翻过身，摇了摇身旁的李德龙，说：“我要把洞凿高、凿宽，要通汽车。”

黑暗中，她的两只眼闪动着光，她自己被这个突然蹦出来的想法震撼了。

“你疯了？”睡意正浓的李德龙瞥了一眼独自兴奋的婆娘，冷淡地回应。

当年，李德龙可是麻怀村的开路英雄。现在这个一下雨就淌水的隧洞，就是他带领村民们一锤一镐凿出来的。

为了开山放炮，李德龙的耳朵聋了，还替村里顶了债。与麻怀村的隧洞“打交道”，没有人比他更有发言权。

日复一日，年复一年，大山的硬石，把这里的人都磨平了。麻怀村的穷根，早就扎进了人心里。

面对这大山，李德龙已经麻木了。这辈子，不折腾了，祖祖辈辈都走不通的路，再怎么折腾也是白费劲儿。

可是，那个大胆的设想一旦蹦出来，就像一把火，把邓迎香的心点着了，暖热了。

古有愚公能移山，现在咋就不能凿山开路？

大山可以折磨人，但也可以磨练人。世世代代的麻怀人虽然被这山困着，却没有被它饿死。

他们能够在山地的方寸间开荒种植，也能在山洞的溪流中挑水引泉，他们就是这样，活着、忍着、拼搏着、抗争着，生生死死，繁衍不息……大山虽然沉重，却没能压垮咱山里人的骨头！

这样想着，邓迎香感到自己体内突然涌入一股无名的力量，一股要和这大山争个高低的劲头。

仿佛就在一瞬间，这个历经几番痛苦挣扎、想要逃离大山的女人终于想通了：

真正困住人的山，不在眼前，而在心中。只有翻越心中的山，才能征服眼前的山。

在邓迎香翻过身面对李德龙时，她心中的大山已经翻过去了。接下来要做的，就是去实现她心中那个宏伟的开山计划。

历史上第一次，麻怀村开进了汽车

天刚破晓，麻怀村就出现了邓迎香奔走的身影。她挨家挨户地走，挨家挨户地劝说。可是，家家户户都在摇头。不是不想支持，实在是大家都怕了。

邓迎香不怕，只有一个人，这山也要开！

2010年冬月初八，麻怀村的隧洞里再次响起了凿洞声。

洞里只有邓迎香，抡着铁锤,一锤锤凿石头。一天下来，她的双手已满是血泡。

路过的村民们见此，很是吃惊：“一个妇道人家,倒干起男人做的活,要干到猴年马月？”

一天、两天、三天，丈夫李德龙看不下去了，他心疼妻子，又拗不过她，只得也进了洞，抡起了锤。

李德龙这两口子，咋都疯了？村民们远远地看着，很是纳闷。

夜里，揉着酸痛的胳膊，李德龙想来想去，对邓迎香说：“咱俩凿到死也没用，还是拉上大伙儿一起干吧。”

汪贵才、曹响国、邓永昌等村干部和党员首先响应，站了出来，组织村民开会讨论。

第一次开会，50个人吵了4个小时，散了。

第二次开会，一些原本同意的村民反悔了，又散了。

邓迎香撵在人家屁股后面，一遍遍念叨：“路通了，车子能进村，家里养的猪肯定能卖个好价钱，咱们盖房子也能节约一半的价钱……”

第三次开会，邓迎香扯着嗓门，放了句“狠话”：“隧道完工后要装扇大铁门，平时锁上，只给打洞的人发钥匙。”

第四次、第五次会议后，全村的村民代表都来了。

2010年农历十月初八，邓迎香带着村民们搞了个像模像样的开工仪式。她对乡亲们说：“大山把我们祖祖辈辈困在这里受罪受苦，今天我邓迎香发誓，我就是用手挖、用牙啃，也要啃穿一条路！”

开工的鞭炮声响彻山谷。麻怀村沸腾了。

多少年了，大山禁锢着麻怀人，现在，麻怀人重新燃起了斗志。他们决心战胜这大山，挣脱千百年的桎梏，凿出一条连接新时代的坦途，为子孙后代开出一条通往光明未来的大道。

清冷的深秋，工地上热火朝天。施工队兵分两路，邓迎香和李德龙各带一队，从隧洞两头同时开工。

没过多久，资金缺乏、炸药不足的老问题又出现了。

大家七嘴八舌，有人开始打退堂鼓。

邓迎香撂下锤，一路跑去了乡里，又追着乡干部找到县里，愣是从县环保局跑来3万元的资助款。

叮叮当当，凿洞的声音又响起来了。在这大山深处，这声音分外沉闷，愈发衬得时日漫长。

用土办法凿洞太慢了。要想开出一条宽敞的隧道，机械设备必不可少。邓迎香“化缘”得来的3万块钱，压根不够用。

有钱要干，没钱也要干！邓迎香晒得发红的眉宇间，透出不容分说的犟。

她从家里掏出压箱底的1万块，直接放到村子的修路资金里。和大家商议后，用7800元买来拖拉机，又用余下的钱购置炸药、雷管等材料，风风火火接着干。

钱又花完了，邓迎香就拽着李德龙到处拉赞助。她不识字，他耳朵不好，两人正好搭档，一个听说、一个记录。

两口子一头扎进修路这件事，家里的四个老人和五个孩子，都顾不上了。有时，还需要孩子来“照顾”他们。

修路分配工时,每户每天必须出一个劳动力,记一个工时。邓迎香和李德龙虽然共同组成了一个家庭，干活时却按两户人记,每天要出两个工时。

跑出去拉赞助的时候，邓迎香就让自己14岁的女儿代她出工。看到她把这么小的孩子都拉进了隧洞，村里不少壮劳力撸起袖子，加入了修路大军。

打洞的打洞，送饭的送饭，挑水的挑水，喊号子的喊号子……麻怀村的大山里，第一次发出了震天动地的声响。

跑赞助跑得勤了，许多单位都和邓迎香熟络起来，主动给他们提供资金信息。“两个家里的顶梁柱,把所有精力全放在了修路上,真的不容易。”

山中每天都回响着炸药的炸裂声、石头的敲击声，还有村民们休息时候的谈笑声。

山外，“农村妇女凿隧道”的消息传开了，罗甸县的各界力量都向麻怀村伸出了援手。

有钱的出钱，有物的出物，有力的出力。县民族宗教事务局资助5万元，民政局3万元，城建局6000元，残联3000元，职校2000元，血站2000元，县政府5000元。财政局给了4吨水泥，林业局给10吨水泥，水利局给20吨水泥……

邓迎香远嫁外省的女儿寄来1万元，5个在县城开货车的麻怀人赶来无偿拉渣土，外出务工的麻怀青年也在春节期间回来帮忙了……

最终，麻怀全村400多个劳力全部调动起来了。

山不加增，何苦不平；水滴石穿，玉汝于成。

2011年8月16日,一条连接山内外,长216米、高5米、宽4米的穿山隧道全线贯通。

历史上第一次，麻怀村有了水泥路，开进了汽车！

13年，4000多个日日夜夜，乡亲们终于盼来了通车仪式。

这一天，孩子们高高兴兴地背起书包，蹦蹦跳跳地穿过隧道，奔向外面的世界。

这一天，邓迎香放声大哭，她迈着大步，在隧道里来来回回走了几十遍。

据不完全统计，麻怀隧道自动工以来，共燃烧蜡烛2300多支、煤油100公斤，村民投工5800多个，凿出炮眼2000多个，挖出砂石约1.5万立方米。

经过13年的漫长抗争，麻怀人和大山的抗争终于取得了决定性的胜利。为了纪念这一壮举，该隧道被命名为“麻怀隧道”，麻怀人不屈服、自强不息、与大山抗争到底的精神被称为“麻怀干劲”。

大山都能战胜，还有什么挡得住麻怀人

一条216米可通车的人工隧道，把两个多小时的山路变成了15分钟的坦途，麻怀村以及邻近田坝、甲哨等6个村民组、数千名村民的出行难问题彻底解决。

一个自告奋勇开山路的农村妇女，成了远近闻名的“当代女愚公”。2009年6月，只有小学学历的邓迎香，经过村党支部的培养，光荣地加入中国共产党。

2014年1月，43岁的邓迎香当选为麻怀村主任。

2016年10月，在全体村民的一致推选下，邓迎香出任村党支部书记。

村民们信赖这个外来的媳妇，邓迎香也把心掏给了大家伙儿。

谁家有困难，她都记挂着。谁家需要帮忙，她跑前跑后。这个改变她一生命运的小村庄，早已成了她全部的精神寄托。

当上村干部后，邓迎香常常吃不下、睡不着。她心里急得，好像热锅上的蚂蚁。

隧道通了有几年了，可麻怀村还是老样子，大多数人仍然在贫困线的边缘徘徊，外出务工是最主要的收入来源。

看着车来车往的隧道，邓迎香又冒出了新念头：大山都能战胜，还有什么能挡得住咱麻怀人呢？

“带动村民脱贫增收，是我这个当家人的头等大事。这不是‘选择题’，而是‘必答题’！”邓迎香决心再给麻怀开出一条致富路。

2017年，麻怀村集体出资，以“资源变资产、资金变股金、农民变股东”的形式，合作成立了贵州迎香生态农业发展有限公司，下设若干分公司和农业经营实体，以“1+N”的控股方式，打造集种植、养殖、餐饮服务、励志培训、乡村旅游等为一体的村集体经济经营模式。

邓迎香比修路的时候更忙了。她四处考察，寻找适合麻怀的产业项目，与人合作试种铁皮石斛，制定出养殖肉牛、绿壳蛋鸡，种植中药材、果蔬的产业发展规划。

开山要听第一锤，致富要有领头羊。邓迎香说服了几个村里的创业致富能人，拿出手头积蓄，办起了种植专业合作社。她还鼓励村民将自己的土地流转给合作社，“不仅能拿租金，还可以到合作社打工赚钱”。

不少外出务工的年轻人，也在邓迎香的动员下，纷纷回乡创业。

袁端生此前一直在福建经营鞋厂，2016年回麻怀村过春节。邓迎香知道后多次上门做工作、讲政策、谈变化，最终说动了袁端生回乡创业。

如今，袁端生已养了1000多头黑毛猪，村民一年能增加收入三四千元。

邓鹏也是其中一位，他办鹌鹑产业，参与的村民年收入超过10000元。

村民的积极性被调动起来，大家伙儿把凿山开路的那股“牛劲”

又使出来了，麻怀村的面貌发生了翻天覆地的改变。

村里有了路灯，修起了3000平方米的文化广场，配备了图书馆、老年活动中心、4G网络等现代设施，家家户户看上了电视、喝上了自来水。

通过宽敞明亮的“麻怀隧道”，20多个孩子走出了大山，考上了大学。村民们的50多辆轿车，每天穿梭在麻怀村和外乡的农贸市场。

2018年，麻怀村不仅退出了贫困村行列，人均收入超过8000元，而且村里常年在外打工的260多人中，有240多人愿意回乡创业。

麻怀村出名了！“当代女愚公”邓迎香也出名了！她的事迹从村里传到县里，迅速传遍了全国各地。

2013年，邓迎香获得消除贫困感动奖，2014年，获得全国扶贫先进个人称号。2016年，国家首次设立“全国脱贫攻坚奖奋进奖”，邓迎香获得这一国家扶贫最高荣誉。2019年，邓迎香荣获全国“最美奋斗者”荣誉称号。

邓迎香很在意这个“奋进奖”，这个词有劲头，预示着麻怀村的美好明天。

2017年10月，邓迎香作为党代表出席了党的第十九次全国代表大会。习近平总书记在报告中提出要大力实施乡村振兴战略，让她看到了麻怀村发展的新机遇。

返乡的那一天，邓迎香的脚步格外轻快，又格外急切。穿过麻怀隧道，老远就能看见赶来迎接她的乡亲们。

“大力实施乡村振兴战略，我们麻怀人的好日子还在后面哪！”邓迎香一边为村民们宣讲党的十九大精神，一边和村干部谋划麻怀村未来的发展规划。

“麻怀村虽然退出了贫困村行列，但是与全面建成小康社会的要求还有不小差距。”如今的邓迎香保持着凿山开路的倔劲儿，又添了一股当家人的稳劲儿。

她带领全村上下确立了新的发展目标——充分依托优势资源，按照“一年打基础、两年见成效、三年奔小康”的目标，大力实施“田土种稻菜、林下栽菌菇、圈里喂猪牛、庭院建果园、农家办旅游”等增收富民工程，力争到2020年人均收入突破2万元。

一批事关麻怀村长远发展的大项目陆续上马：30万羽鹌鹑圈舍已经建好，鹌鹑苗已上架，该项目的实施可实现年利润80万元，解决20人的长年务工，村集体每年可实现分红20万元；100头肉牛养殖场圈舍已经建好，开春进牛，村集体可增收7.7万元，每户实现分红增收2000元……

因为没有路，麻怀村曾经一贫如洗，邓迎香几经彻骨绝望。

因为有了路，麻怀村已经今非昔比，邓迎香也收获了人生芬芳。

全国各地的人慕名到麻怀村参观考察，争相聆听邓迎香带领村民凿山开路的传奇故事。

邓迎香咧开嘴，笑声爽朗：“隧道已成为过去，新时代我们麻怀村还要有新作为！”

（◎吴晶 林鄂平 朱洁英）

誓用青春绘锦绣——刘锦秀

1979年3月，湖北省罗田县三里畈镇黄土坳村刘家的一间土坯房中，一个瘦瘦小小的女婴降生了。

已是立春时节，阳光透过窗棂，照在刚出生的孩童身上。见她五官小巧、白皙可人，父母虽没有多少文化，却特意为她取了一个文气的名字——锦秀。

这个生肖属羊的小姑娘，没想到一生竟与羊结缘，成为赫赫有名的“大别山牧羊女”、新时代脱贫攻坚的“领头羊”。

我想开掘一条河，让更多的人更长久地有水喝

刘锦秀的梦境中，常会反复出现这样一个场景：

蒙蒙雨雾中，浑浊的水漫过泥泞的路，开车的人不得不慢下了速度。

透过车窗，她瞥见一个瘦瘦小小的身影飘摇在雨中，仿佛随时来一阵大风，就可以把她带走。那是一个小女孩，赤脚蹚过水潭，手里拎着一双塑料凉鞋，小心翼翼。

因为破旧，她的衣衫辨不太清楚颜色，仿佛和这四周的山融为一体，可是那双塑料凉鞋，却被雨冲刷得格外透亮，现出这山村少有的鲜艳。

坐在舒适干爽的轿车中，望着这一幕的刘锦秀僵住了。仿佛一瞬间，她看到了小时候的自己，回到了那贫寒而又孤独的童年。

刘锦秀是家中老大，为了生个男孩传宗接代，父母连续超生，生活雪上加霜。从记事的时候起，父母长年在外打工，很多事她只能自己想办法去解决。

有一年夏天，为了买一双凉鞋，她翻山越岭去采野菊花，再以5分钱一斤的价格把花卖出去。山连着山，草鞋把脚磨出血泡，她也不觉得疼，采了一个暑假，终于攒够了钱，捧着一双漂亮的凉鞋，连睡觉都抱在怀里……

当年的她就像眼前这个小女孩，下雨天蹚水不舍得穿，就把凉鞋拎在手上。

这不经意的一瞥，发生在2003年夏天。那天，刚下过雨，刘锦秀开着车走在返乡路上，偶遇了那个手里拎着凉鞋的小女孩儿。

这不经意的一瞥，刺痛了她的眼。当年的她是多么像这个小女孩儿，瘦小而又坚强。

一个人在家，小小的她喜欢盯着房顶，寻找从稀疏的砖瓦缝隙透出来的光。刮风下雨，心里害怕，她就紧紧挨着墙壁，抠着墙上的泥土，在心里盼着自己快快长大。日子久了，印记越积越多，和她一般高矮，占了大半面墙。

阳光灿烂的时候，她就喜欢跑上山坡，看着羊群慢悠悠地啃着青草。她最喜欢看那些小羊，它们蜷缩在羊妈妈身边，安静而温顺。她是多么希望自己就是小羊，可以依偎在妈妈怀里。

生活的磨砺，让刘锦秀很小就意识到，要改变命运，一定要努力。

1993年，春节后，年仅13岁的刘锦秀出发了。她的身上，只有母亲的身份证和全家人凑上的50元钱，手里还拖拽着一只母亲出嫁时的大木箱。

站台上人潮涌动，奶奶、爸爸和妈妈都来送她。她一咬牙挥了挥手，转身就走，再没有回头。泪水怎么也止不住，流了一路。多少年后，她还能清晰地想起那一天，她在心里下定的决心：等着我，我一定会回来！

刘锦秀来到浙江的一座缫丝厂。第一次，她被眼前整齐划一、紧张有序的工作场面震撼了，这样的工作方式和生活节奏与自己生活过的小山村比起来，差别太大了！

上岗后，别人一分钟穿24个磁眼，她苦练几天就能穿32个，第一个月领到145元工资，第二天就给家里寄回140元。

厂里三班倒，每班8小时，她经常一天上两个班。几根盐豇豆、一碗白米饭，就是她的一日三餐。

有一次得了重感冒，她只吃几片药硬撑着上班，最终晕倒在车间里。父母闻讯赶来，强行将她接回家。短暂休养后，不甘沉寂的她又毅然走出山乡，开始长达十年的打工之路。

刘锦秀不怕苦，却怕被人瞧不起，她立志要摆脱贫困，要过一种不一样的人生。

打工之余，她从未放弃学习和提高技能。但仅有小学五年级文化程度的她，连一篇故事都读不下来，更别说读报看书。

没有抱怨，没有气馁，她找来一本字典，自学拼音。早晨迎着晨曦，晚上就着烛火，她一气儿翻烂了5本字典，终于补上了看书识字这一课。

有了一定基础后，她又对自己提出更高要求——多看报纸，多从网上了解信息。只要有机会，她就跑去参加各种论坛和专家讲座，不断拓展视野、增长见识。

一次，刘锦秀读到了《李嘉诚传记》，如获至宝。连续几天，她彻夜不眠，逐字逐句、反复品读着这位名人的人生经历。

一个只有小学文化程度、只会端盘扫地的打工仔为何能成为香港首富？这本书深深地震撼了刘锦秀的心，她开始一遍遍地激励自己:我能不能通过奋斗，也取得成功并造福社会?

“功夫不负有心人。”通过自学，刘锦秀考取了大学文凭。在她离开那家工厂时，已经成为老板倚重的中层管理人员。

此后，她当过家政服务员，摆过地摊，上过幼儿师范、当过幼教，继而辞职开起了一家杂货店，创办了自己的物流公司。

十年打拼，刘锦秀从打工妹成为小老板，从大山的女儿变为城里的媳妇，她拥有了一份很不错的事业，收获了一个幸福和睦的家庭，融入了“有车有房”的都市一族。

可是，她仍然觉得：这样的生活还缺点儿什么。

每次回到罗田老家，踩着泥巴路，听到牛羊叫，到院前屋后转一转，闻着炊烟味，刘锦秀的心里就舒畅很多。

她渐渐明白，无论离家多远、多久，她的心永远停驻在大别山里，她的根还须扎在家乡的土地上。

那次返乡中不经意的一瞥，那个赤脚蹚过泥塘的小姑娘手中的塑料凉鞋，又一次唤醒了她沉睡的记忆。

这记忆是苦涩的、冰凉的、沉重的，因为贫穷，好似一道梦魇，还缠绕着她、困扰着她。

山还是那道山，水还是这条水。在这大别山深处，水塘这头洗马桶，那头儿还有人打水喝。外面的世界早已五光十色，这里的人们却还在世世代代复制着贫寒困苦的生活。

我的乡亲，不应该再这样活着！我的故乡，不能再这样穷下去！

小女孩手中的那双塑料凉鞋，又一次激起了刘锦秀的斗志。面对年迈的父亲，她说了一句话："我想开掘一条河，让更多的人更长久地有水喝。"

父亲了解女儿的性格，默默地点点头，跟着她一起回到了山乡。

这一年，她24岁。

大别山里的女子不当作秀的花瓶

回到家乡，刘锦秀没有着急，而是开车沿着全县转了一大圈，把这片熟悉的土地里里外外地看了一个遍。

她发现，罗田是一个"八山一水一分田"的山区县，气候适宜，草场资源丰富，当地60万人口中农民占了50万，务农比例达到了80%，很多人家都会养羊。

直觉告诉她，山羊养殖是一个很有前途的产业，她完全可以利用山区的草场和人力等资源发展山羊养殖业。

那时候，刘锦秀已是村里的名人。年纪轻轻，在大城市有车有房，日子过得红红火火，让不少人艳羡不已。

可是，她要回乡养羊的消息传开后，一些村民炸锅了。他们聚集起来，守在村口，拦住了她的汽车。

原来，刘家湾有个旧风俗，出嫁的姑娘不能回来。刘锦秀要回来定居，首先就破了祖宗的规矩。

更何况，她要回来养羊，这不是明摆着要占山为王，抢夺大家的生计吗？！

好说歹说，刘锦秀总算进了村，可是村民们见到她，不是闪躲，就是态度冷淡。大家伙儿私下议论，这姑娘在大城市待久了，哪儿会在这山沟里窝着，恐怕就是一时脑热。

还有人见她穿着皮大衣，更觉得她就是摆摆架势、吃不得苦，顶多是一个“作秀的花瓶”。

面对村民的质疑，刘锦秀淡淡一笑，毫不介意。像小时候一样，她一个人爬上山坡，静静地坐下来，看着那些悠闲自在的羊群。

陡立的悬崖边，山羊顶着犄角，昂首挺胸地站立着，望向前方。刘锦秀突然觉得，自己和它们相似，又各有不同：

它们的角长在头上，而她的角长在心里；它们向往远方的草场，而她更眷恋脚下这方土地。

又一次，羊群给了她启迪和力量。她说服父亲，在山腰里搭起两间草棚，羊一间，人一间。一顶蚊帐，一盏油灯就是全部的家当。

饿了，吃干粮、冷饭；累了，睡草棚，竹床；热天，蚊蝇飞舞，又脏又臭；冬天，寒风凛冽，又冷又饿。

起初，刘锦秀不懂羊，一放羊就出乱子。羊上了山就开始分头乱跑，她就跟在羊屁股后面跑，结果羊是越放越少，有时候连羊丢了都不知道。

跟了几天，她发现羊群里总有些羊不跟着队伍跑，她就把这些羊拴在路旁的树上，等下山的时候再解开带回去。

可是，山地地势陡峭，树都长在坡上，拴住的羊想跑，兜来转去就被绳子勒住了脖子，一脚踩空被悬空吊死了。

丢的丢，死的死，刘锦秀发现自己还没有摸到羊的脾气。

从头再来，她就每天蹲在羊圈里仔细观察。

小羊出生了，羊妈妈把羊羔身上的胎衣慢慢舔掉。羊羔摇摇颤颤，走两步，凑到妈妈身下，心满意足地吃上第一口母乳。

小羊凭什么认定，这就是自己的妈妈？经过细致的观察、反复的思考，刘锦秀渐渐意识到，它们是靠气味相互感知，这种气味也是羊群之间十分重要的联系纽带。

通过不断地摸索，刘锦秀一点点学会养羊，放羊也变得更加轻松。羊上了山，四散开来，她就可以抽空找个石头板子，安心睡上一觉。

放羊的工作刚刚走入正轨，一场大火又烧得她措手不及。一位老爷爷不慎遗留下的火星，引起一场大火，毁了整个山林。

看着烧焦的山林，刘锦绣呆坐在地，欲哭无泪。

这羊为啥就这么难养？难道是我选错了方向吗？

迷离恍惚间，她又看到了她熟悉的羊群。在头羊的率领下，它们正向着山的更高处进发，那里有尚未被啃食过的草场，有它们未知的新天地。

选择悬崖还是草场，全靠头羊。带领大家脱贫致富，我自己不坚定怎么行？

又一次，她说服自己：明年满山新草，正好可以养羊。

一日复一日，一年又一年，到了2005年年底，刘锦秀的羊圈已从最初的47只种羊，发展到年出栏山羊近1000只，获利近10万元。

2007年年初，刘锦秀通过学习了解到，国家大力支持农民合作经济组织，特别是专业合作社的发展。她敏锐地意识到，注册成立一家专业合作社，带动乡亲们共同养羊致富，现在就是绝佳时机。

想到做到，刘锦秀立刻出手，买下家乡近千亩山林32年的所有权和山地使用权。她四处张罗，挨家挨户，组织村民注册成立了罗田乃至黄冈首家以养羊为主的“罗田锦秀林牧专业合作社”。

在大家伙齐心协力下，合作社筹资100多万元新建了能饲养2000只种羊的标准种羊基地，并引进了新品种与本地山羊交配，繁育出适合山区养殖的纯天然无公害绿色高产肉羊——黑山羊。

为了杜绝乡亲们在养羊中走弯路，她聘请专门的畜牧技术团队，带领乡亲们通过“合作社+基地+农户”产销对接模式，实行“五统一”服务：统一提供种羊，统一栏圈建设，统一防疫消毒，统一技术指导，统一收购肉羊，解决了养羊户的后顾之忧。

平湖乡秋千厂村2组村民张艳华，家里上有老下有小。他长年离家外出打工，一家老小的生活依然捉襟见肘。

2010年，刘锦秀吸纳他加入了养羊合作社。在他遇到困难、一筹莫展的时候，又为他更换种羊，无偿提供技术服务，并回收肉羊。经过几年的辛勤努力，张艳华现存栏黑山羊418只，彻底甩掉了贫困户的帽子。

在刘锦秀的影响下，张艳华带动8个贫困户养殖黑山羊，成为当地大户带领贫困户养羊致富的典范。

周边的老百姓有目共睹，纷纷要求入社。有人好心提醒刘锦秀：入社需制定门槛，吸纳条件太差的困难户入社，风险太大。

刘锦秀却不这样想，她认为，只有带着条件最差的贫困百姓干成了，才最有说服力，大家才会放心跟着一起干。

根据不同的入社人群，刘锦秀探索出两种模式：统一供种、统一防疫、统一建栏、统一服务、统一回收的“五统一”养殖模式和“政府+市场主体+银行+保险+贫困户”的“五位一体”扶贫模式。她把自己对养羊的理解和通过实践摸索出来的经验总结写成了一本《养羊技术手册》免费分发到乡亲们的手中，并为大家详细讲解。

平湖乡东冲畈村的80后青年杨希，成年后一直在外打工，几乎习惯了城市生活。2015年，家父因病去世后留下200多只黑山羊无人放养。

刘锦秀及时上门动员他回家养殖黑山羊，帮助他分析黑山羊产业发展前景。经过刘锦秀的耐心劝导，这位青年人终于解除了心中纠结，子承父业，成为大山里的新一代“羊倌”。

正当大家摩拳擦掌、准备大干一场的时候，一场罕见的冰雪寒冻灾害让合作社遭到重创。羊舍倒塌，冻饿死山羊267只，直接经济损失30多万元。

望着那些冻死饿死的山羊，看着农户们难过的表情，刘锦秀心如刀绞。乡民们可以伤心难过，但她不能，她不仅要鼓励大家重新开始，还要想办法挽救损失。

日以继夜，刘锦秀四处奔波，请来省畜牧局专家给予指导，筹资20万元迅速恢复重建倒塌羊舍，并组织10多万元资金购回一批新品种抗寒高产种羊——波尔山羊。

在她的示范带动下，合作社农户纷纷开展抗灾自救，重建羊舍，调优山羊品种，把雪灾寒冻损失降到了最低。

冬去春来，满山遍野的羊群成了罗田的一道风景。在大别山区，养羊真的成了一项只要勤劳就能致富的好营生。

好不容易赚了钱，刘锦秀又要投资。这一次，她要开山辟路，这时反对的声音又出现了。

有的人说，自己掏钱修路，她是不是傻了？还有的人说，山里修路难，她一个女子，能有这能耐？

又一次，刘锦秀爬上了山坡，走向了羊群。望着站得最高的那只头羊，她在心里暗下决心：要想真正把产业做好做大，没有路是不行的，要想让这里的人真正脱贫，就得有人打头开路。

顶住种种压力，刘锦秀又筹来67万元资金，修建通山公路3.5公里，并完成了水、电路、沼气等基础设施建设。

通路的那一天，乡亲们一拥而上，把刘锦秀围在了大伙儿中间。这个年轻漂亮的女娃晒黑了、变瘦了，面对曾经冷嘲热讽过她的人，她依旧淡淡地笑着，和气地说着。

这笑容是那么美丽，透着自信、带着坚强。谁能想到，这个小小的女子身上，竟然有着如此强韧的力量。

刘锦秀用行动证明了，大别山里的女子不是作秀的花瓶！

从此，再也没有人敢小瞧山里的女人，再也没有人敢瞧不起大别山勤劳勇敢的人们！

让大别山的“名羊”精准对接贫困农户

合作社赚钱了，刘锦秀又开始出题目了：如何让黑山羊产业提档升级？

她四处考察，向人取经，学习先进市场营销理念。一次到国外学习的经历，给了刘锦秀很大的触动和灵感，“很普通的东西，怎么都卖得那么高价？第一是保证品质，第二就是有品牌。”

2009年，刘锦秀注册了自己的品牌，租下近400亩地，新建7800平方米集育肥、加工为一体的现代化工厂。

为了保证回收的羊的质量，她制定了毛羊回收的规格，其中一条就是体重要达到30公斤以上，不达标就不回收。因合作社羊肉质量好，社员养殖的山羊供不应求，毛羊价格高达30元/公斤。

刘锦秀又从内蒙古请来屠宰师傅，对羊进行分割和包装。经过精深加工后，仅4.5斤的高品质品牌黑山羊礼品卖到了550多元，同时，还将羊角、羊毛、羊腰等充分加以利用，成功研制出羊角梳，开发了羊胎盘，利润率陡升，一只羊综合效益高达4500元。

2011年，刘锦秀注册成立湖北名羊农业科技发展有限公司，建起年屠宰加工30万只肉羊的现代化肉类食品加工生产线，集黑山羊科研、育种、养殖、饲料加工、屠宰精加工及销售为一体，同时，以省农科院为依托，重点研发"全天然、纯绿色"高档羊肉食品，公司注册的"薄金寨·锦秀羊"商标成为湖北省著名商标，在京东等各大网站销售火爆。

只有实行公司化运作、品牌化经营，大别山的黑山羊才能永远占据金牌位置，我的父老乡亲才能更快脱贫致富。带着这样一种执着的念头，刘锦秀亲自率领销售团队，走进批发市场、大型超市以及星级酒店，一步步构建品牌专属的营销网络。

她就像个超人，不知疲倦，今天出现在毛羊收购的现场，明天又飞到产品推介的展会。她坚定的承诺和自信的笑容一次次打动了经销商，也一次次击败了竞争者。

在中国武汉农博会上，黑山羊产品连续获评农博会金奖农产品，被评为"湖北市场最具竞争力食文化品牌"，荣获"湖北好食材最佳风味奖"。

“乡亲们，咱们自己富了还不算数，咱们还要带动十里八乡一起富。”2015年，脱贫攻坚战打响，刘锦秀有了新的战略目标。

她积极向地方政府建言献策，与黄冈市县政府一起探索出“政府+银行+保险+企业+贫困户”的“五位一体”扶贫模式；罗田县委县政府确立黑山羊产业精准扶贫“33111工程”后，她又主动请缨，为扶贫养羊户提供良种供应、科技培训、疫病防控、母羊保险、肉羊回收等10项精准服务。

名羊公司与全县建档立卡的贫困农户建立了黑山羊养殖结对帮扶关系，首批帮扶带动了406个贫困农户养殖黑山羊，每户养殖11只黑山羊（1公10母），共发放种羊4466只；当年发放种羊的贫困户，到2016年年底，出栏肉羊3746只，收入307万元，户均收入1.16万元。目前存栏已发展到15600只，按照现已取得的增收效果预测，每个贫困农户都可以在三年内发展形成一项持续稳定增收的家庭产业，有望实现年平均收入过万元的预期人均增收目标。

在合作社周边村组里，有一部分智力低下、或身有残疾的村民。这类人基本是“打工无人要，生活靠人养”。刘锦秀看在眼里，放在心上，特地把他们安排到合作社种羊场，在明白人的带领下，让他们割草、放羊、打扫羊舍卫生，使他们也能自食其力。除了包吃包住，每月还付给他们800元工资，保证了他们有饭吃、有衣穿、有钱用。刘锦秀的合作社成立以来，先后接纳安排了20多名无独立生产生活能力的弱智、残疾人就业。在合作社的亲情服务和特别关照下，全县农村贫困残疾人通过养殖黑山羊实现就业的有89人。刘锦秀的养羊合作社也因此被省残联授予湖北省残疾人扶贫就业示范基地。

因为吃过他们受过的苦，刘锦秀总是设身处地，竭力为更多致富无门的农户排忧解难。由于农村青壮年大多外出打工，导致成片的农田因缺少劳力而无法耕种。刘锦秀主动与村组对接，以每亩年租金500元的高价，把合作社周边的400多亩田地流转过来，用于种植青绿饲料。仅此一项，每年给周边农户增收20万元。

好消息频频传来！

2015年3月，大别山黑山羊被选为全国“两会”特供羊肉；

2018年7月，中国外交部推介湖北活动的宴会上，大别山黑山羊羊排作为主菜推出，惊艳四座。

大别山名羊从此走出了国门、走向了世界，十里八村的乡亲们都乐开了花。

目前，“罗田锦秀林牧专业合作社”已在全县11个乡镇成立了分社。截至2019年，合作社拥有核心繁殖基地2000多平方米，科研育肥基地7800平方米，天然山林草场3000多亩，年存栏山羊3.7万只，年出栏肉羊4.5万只，年创产值5000多万元，跻身于湖北省养羊大县行列。

合作社基地被评为“农业部标准化山羊养殖示范基地”“国家肉羊产业技术体系科研基地”“湖北省种羊场示范推广基地”。合作社被评为“湖北省十佳畜牧专业合作社”“湖北省五强农民专业合作社”。

为了保障精准服务落地生根，确保精准扶贫见实效，刘锦秀以现代互联网+的思维和视野，创新开发了黑山羊产业精准扶贫服务云平台系统，对全县实施黑山羊产业扶贫的农户建立了电子信息档案，实现了黑山羊产业精准扶贫和服务工作的电子信息化管理。

如今，罗田全县广大农户养殖黑山羊热情高涨，脱贫信心倍增，涌现了一大批依靠养殖黑山羊脱贫致富的典型，养羊年收入3万元以上的农户达到1500多户；全县在黑山羊养殖、饲料种植、屠宰加工等环节吸纳的农民就业人数达到6000多人。

“5个3年”，大别山“牧羊女”成为全国脱贫攻坚的“领头羊”

从一开始的47只羊，到大别山养羊基地，刘锦秀常常用5个3年来概括十几年的“牧羊”历程——

“用3年的时间确定黑山羊的品种，用3年的时间确定和父老乡亲之间‘鱼和水’的关系，用3年的时间使羊圈的体系标准化，第4个3年是产业的规模化和标准化，第5个3年走市场品牌”之路。

5个3年，即15年。对于年届不惑的刘锦秀而言，这是一段艰辛奋斗的岁月，更是一种绚烂绽放的青春。

多年来，刘锦秀先后荣获全国三八红旗手、全国青年五四奖章、全国青年创业标兵、全国创业之星、全国农村青年致富带头人、2017全国脱贫攻坚奖奉献奖、全国老区脱贫巾帼标兵、湖北省劳动模范、湖北省十大杰出青年、湖北省扶贫先进个人、黄冈市十大青年创业标兵、黄冈市十大农产品女经纪人、黄冈市劳动模范、第六届（2016）黄冈市优秀企业家金牛奖、中国杰出青年农民提名等称号和奖项。

无论身份怎样变化，她最看重的就是她的父老乡亲有没有盼头指望，她的家乡有没有发生切实的改变。

合作社修建标准化羊舍时，她“顺带”将周边村组的土路改造成水泥路；春夏旱情发生时，她及时为贫困村组送去急需的抗旱抽水设备；到外面参加会议，她还牵挂着村小学建设的资金缺口，想方设法为村小学募集到30多万元；她每年都要带领公司员工到镇福利院看望孤寡老人，为他们送钱、送物，让老人们感受到社会大家庭的温暖。

为了推进大别山区黑山羊产业可持续健康发展，她坚持走绿色发展之路，大力实施天然草地改良，创新推行板栗林下种草养羊，引导农民把致富希望建立在绿水青山之上，既保护了生态环境，又培植了绿色富民产业。在她的主持下，当地还研发制定了《大别山区黑山羊生态养殖技术规范》和《板栗林下种草养羊技术规程》，每年免费给养羊农户发放牧草种子，手把手向贫困农户传授板栗林下种草养羊技术，引领带动全县养羊户种草近10万亩。

这一创新举措，解决了山区冬季青饲料不足的问题，保证了青饲料均衡供应，实现了黑山羊四季均衡增膘，探索出了一条农牧结合、草当粮种、资源利用的绿色发展之路，产生了良好的经济效益、社会效益和生态效益。

2016年，大别山的羊肉直销办事处在北京、武汉相继成立。刘锦秀一连多日，站到了直销办事处的柜台前，亲自给前来问询的单位和个人讲解宣传。

一位餐饮集团的负责同志质疑较多，刘锦秀打开手机，一张张给他翻看肉羊养殖的现场照片，兴高采烈地给他讲起养羊农户的致富故事。听着听着，这位负责同志不知不觉被眼前这个女同志的热情打动了，当场就签下了订单。

很多人选择大别山的黑山羊，不仅是因为产品质控可靠、绿色健康，更因为刘锦秀和她的团队这份锲而不舍的扶贫情怀。

依托餐饮集团、餐饮协会等社会力量，刘锦秀创新开展了黑山羊特色产品消费扶贫活动，全年供应餐饮业消费扶贫的黑山羊达到2万只，给山区养羊农户带来了稳定增收的机会。

可是刘锦秀仍然没有满足。作为全国人大代表，她在全国两会上着眼“三农”，提出了一系列关系养殖农户脱贫致富的建议：

国家实施能繁母畜补贴政策，提高农户养殖积极性；实施能繁母畜保险制度，降低农户养殖风险；完善牲畜加工屠宰法律法规；在建筑用地、冷链物流、融资、税收等方面给予政策扶持，促进畜牧业规模化发展……

一项项建议，直接连接着农户的迫切需求，刘锦秀急在心里，抓住各种机会和场合，奔走呼吁。

沟沟坎坎的山路，在她和乡亲们的脚下，成了通向幸福的致富路。曾经困苦的家乡，在她和乡亲们的手中，成了脱贫致富的“先锋”。

2013年5月4日，刘锦秀作为当选的27名“中国青年五四奖章”获得者一员，在北京举行的“实现中国梦、青春永担当”主题团日活动中受到习近平总书记的亲切会见。

2017年10月，刘锦秀被国务院扶贫开发领导小组授予“全国脱贫攻坚奖奉献奖”，并在全国脱贫攻坚先进事迹报告会上作了交流发言。

15分钟的讲述，展示了大别山深处牧羊人家的生活变迁，也浓缩了她坚守在家乡土地上的15年青春。

千人会场，响起了一次次热烈的掌声。刘锦秀的热泪，一次次不自禁地涌出眼眶。

这么多年，羊死了，她没哭过；羊圈被大雪压垮，她没哭过；被乡亲们误解嘲讽，她也没哭过。

可是，今天，她哭了。这泪水，流得畅快淋漓，为了她逆向而行的人生选择，更是为了千千万万在贫困中顽强不屈、负重前行的父老乡亲。

2019年10月1日，新中国成立70周年盛大庆典。刘锦秀身披“全国脱贫攻坚奖”荣誉绶带，站在“脱贫攻坚”方阵主题彩车上，和来自全国脱贫攻坚战线上的13名代表一起，接受习总书记检阅，接受祖国和人民的检阅。

当彩车经过天安门城楼，她看到了党和国家领导人向他们招手致意，听到了广场上如潮涌来的掌声。这一刻，她笑了，那笑容被镜头瞬间捕捉，有着依旧青春的甜美，更有着沧桑磨砺的练达。

“在精准脱贫奔小康的路上，我还会与父老乡亲携手前行。”

青春正当时，不予负流年。这个从大别山中走出来的女子，把最美好的青春播撒在她眷恋的故乡，把最动人的故事书写在祖国的锦绣大地上。

（◎吴晶 林鄂平 朱洁英）

白首不渝赤子心——陈开枝

如果一个人的人生轨迹与国家的进步事业交叠并行，那他的一生注定波澜壮阔、风骨灼灼。

已近耄耋之年的陈开枝就是这样的人。

1992年1月1日，正在南海镇调研的陈开枝接到电话。18天后，他作为“首席接待官”，成为邓小平南方视察的重要见证者。

1996年11月20日，正在日本考察的陈开枝又一次接到一项改变他人生轨迹的重要任务。8天后，他第一次踏上百色这块红土地，从此，扶贫成了他毕生的事业，百色成了他的第二故乡。

忆往昔，陈开枝满足而欣慰，因为他的人生坐标始终与党和国家的大事业紧紧相连。这一辈子，他曾是站在十任广东省委书记身边的年轻人；他当选过“全国扶贫状元”“全国脱贫攻坚贡献奖获得者”。

可令他最欣慰的还是走进百色，老乡们亲切地称他为“大好人”。因为那是他的乡情，更是他的初心。

百色扶贫的第一笔钱，全部来自人民

2012年12月8日，深圳莲花山顶，72岁的陈开枝站在队伍的第一排，注视着不远处的习近平总书记伸出双手细心地整了整花篮两边的绸带。随后，他和在场所有人跟随习总书记向邓小平的铜像鞠躬。

陈开枝是作为1992年陪同邓小平视察南方的老同志之一，受邀出席敬献花篮仪式的。仪式结束后，习近平对他说：“听说您现在搞的扶贫工作也卓有成效。”

扶贫，是陈开枝最近20余年的主要工作。

截至2018年年底，他主导的扶贫工作已覆盖百色580个村，修建5000公里公路；新建和改建240多所希望小学，让数万名少年儿童重返校园。

从零开始，白手起家，百色扶贫的第一笔钱，全部来自人民。

那是陈开枝最接近死亡的一次。

1996年1月20日，周六清晨，大雾弥漫。在去郊区检查石场整治的路上，陈开枝遭遇了车祸，右手腕粉碎性骨折，第四腰椎、右上臂骨折，还断了两条肋骨。

这次车祸带来了出人意料的震动效果。市里几套班子的领导赶到医院看望他，省里、中央也派人来慰问，社会上更是议论纷纷。

“其实这只是一个意外，司机没注意到迎面而来的卡车。但那时

大家都在传说，这是别人制造的车祸，说我为了整治白云山，差点把命都搭上了。”

陈开枝口中的白云山，距离广州市中心20多公里，如今是国家5A级风景区，也是广州的“肺”。但在当时，白云山驻山单位从“文革”前的41个增加到164个，占据了风景区1/3的土地，200多栋违章建筑密布于山间，占地逾10万平方米，而且这样的“蚕食”还呈蔓延之势。

“从1979年开始，历届市委市政府都感到白云山的问题再这样下去不行。但一是阻力太大，二是以经济发展优先，整治工作总是推进不下去。1991年，省里绿化检查组检查广州的绿化状况，对白云山及广州十大进出口岸的描述，用了‘山河破碎，满目疮痍’8个字。整治白云山的难题又摆在了面前。”

1992年年底，陈开枝从广东省委副秘书长调任广州市委常委、常务副市长，很快站到了整治白云山的第一线。当时的书记、市长都想带头，但陈开枝却自告奋勇说：“你们不能在一线，你们在一线就被动了。你们在后面指挥，我在一线冲锋。”

正式的攻坚战从1995年开始。翻阅当时的报道，依旧能从字里行间感受到利益的博弈与较量——

“陈开枝强调，在这次清理白云山违章建筑的行动中，任何搞特权、硬顶等都是行不通的。”

“陈开枝副市长在广州市清理白云山风景区违章建筑动员大会上严正指出，任何企图通过首长、熟人打通关系，或强调部门利益特殊性以逃避处理的想法都是不切实际的。”

“如果整治不好白云山，我这个副市长难以向广州695万市民交代。整治白云山不但要落实政策、措施，还要有勇气、不怕死。”

……

“有提着洋酒想‘收买’市领导的，有冒充人民日报记者要‘曝光’我的，有训练打手要干掉我的。”回忆起那个特殊时期，皮肤黝黑的陈开枝依旧挺着瘦高的身板，半带诙谐地打趣道：“有什么好怕？大不了当个烈士市长嘛，也光荣。”

类似的话不是他第一次说，类似的事也不是他第一次做。整治珠江污染、整顿郊区违章开采石场、清理脏乱差市容……在广东改革开放的初期，最难啃的骨头，陈开枝都硬碰硬地啃下来。

那时也有人纳闷，陈开枝怎么这么有底气？

“因为我后台硬嘛。我身后站着中国共产党和近700万广州人民。”

陈开枝确实能有这样的底气。车祸发生后，广州市民闻讯，自发组团来医院探望他，最多的一天来了107批，最少的一天也有48批。

事后整理群众送来的营养品、水果，装了7辆面包车，床头床尾塞的钱总计4.7万余元。

广州市民的爱戴，陈开枝记在心里，他要以更加勤奋的工作来回报。在医院养伤的33天，他开了17次办公会，大大小小的事情，他一样不漏、处处挂心。

出了院，陈开枝又一声吆喝，把广州市民送来的慰问品都拉到了百色的孤儿院、老人院，钱交给了党支部，捐给了贫困生。

跟着陈开枝，累死无人知，吃饭不准时，加班无贴士

23年间，陈开枝往百色走了109趟。

1996年11月20日，正在日本考察的广州市常务副市长陈开枝接到电话，组织上交给他一项全新的任务。

国家决定开展东西部扶贫协作工作，广州受命对口帮扶百色。8

天后，陈开枝第一次踏上了百色这块红土地，他被眼前贫困的景象震撼了。

百色的历史是闪耀的。1929年12月11日，邓小平等老一辈无产阶级革命家在这里发动和领导革命武装起义。

可是百色的现实却令人心酸：当地357万各族儿女中，有100万人没路走，80万人没水喝，60万人极度贫困，20万人生活在极端缺乏生存条件的地方，3万6千多名儿童因穷困失学。

记这些数据太麻烦了，当地干部告诉陈开枝，要想形容百色的穷，只要记两句话就行了：一是住房八面来风（茅草房四处进风漏雨），二是生活“三个不上”：不上学（没钱读书），不上桌（没有口粮）、不上床（没被子盖，就睡在火塘边）。

走进一家农户，陈开枝揭开锅盖，一锅稀拉的玉米糊上布满了黑点，用手轻轻拂过，黑点扬起，那是铺了一层苍蝇啊，陈开枝舀起了一勺玉米糊，尝一口，酸的。

这竟是一家人的全部口粮！陈开枝呆住了。不对比不知道差距，一想到借着改革开放的春风振翅高飞的广州，再看看眼前这些被穷困折磨得奄奄一息的人民，他的眼眶湿润了。

揭开农户的铁锅，走进瑶胞的茅草屋，看到在床上发高烧却填不饱肚子的孩子，陈开枝初到百色的十余次调研，都是流着眼泪离开的。

他暗暗发誓，要竭尽全力帮助百色消除贫困，为老百姓脱贫出力。

为了掌握真实的情况，陈开枝平均一个多月去一趟百色。他作为广州市政府常务副市长，工作已经很忙了，只好利用周末时间争分夺秒。

每周五就像急行军打仗：

早上5点起床出门，赶7点飞机飞往南宁，抵达后直奔扶贫点；

下午2点吃午饭，晚上9点吃晚饭，10点开会研究工作；

周六安排大体相同，也是连续工作15个小时；

周日晚9点从南宁飞回广州；

周一准时到广州市政府上班。

去百色的路上，陈开枝常常在车上放点红薯、玉米，饿了就吃一口。同行的人编了首打油诗："跟着陈开枝，累死无人知，吃饭不准时，加班无贴士。"

1997年11月13日，陈开枝从早上5点开始奔波，下午3点又赶去"广西第一穷村"田东县陇穷村调研。

这里与世隔绝，发展落后，连一条进村的路都没有。山路崎岖，陡坡峭壁，年过半百的陈开枝体力不支，突然昏倒，抢救了20多分钟才醒过来。

地委书记刘咸岳十分担心地说："老兄，这山没法爬，太危险了，咱往回走吧。"

陈开枝深吸口气，摇了摇头："老弟，老百姓祖祖辈辈天天爬，我们爬一次有那么危险吗？放心，百色不脱贫，马克思不会收我的，走吧！"

强迫自己咽下几口水，陈开枝用手撑着，站起身，折了个树枝当作拐杖，硬是走到了陇穷村。

陇穷村正如其名，因为多陇而十分穷困。这里地处大石山区，九分石头一分土，几乎没有耕地。村民只能在石头缝里种点玉米当口粮，人均年收入不到180元。

茅草房四面透风，根本不能住人，全村老少连喝水都是难题。

改变陇穷村的当务之急，首先要解决饮水问题。陈开枝挨家挨户动员组织，全村老小一起动手，修建家庭水柜。

水柜可以建在家里，也可以建在田间地头，这样一来农田得到灌溉，粮食就能丰收，群众吃饭就有了保证，陇穷村祖祖辈辈喝脏水的历史一去不返。

百色的大地，山连着山，一眼望不到头。贫穷也像这山，顽固地包围着大大小小的村落。

有一次，陈开枝要去西林县调研，车子在山里开了好久还没到，在一个山口停下来休息时，遇到一个当地人，他们问距离村子还有多远，当地人回答是“没多远了，两喊路”。

陈开枝还清楚记得当时村民给他的解释，“一喊路”就是在山这边大声喊一下，直到山那边听不到为止的距离。而“两喊路”最终验证，需要45分钟的车程。

走过无数的“两喊路”，陈开枝一次次走访百色的百姓家，一次次把他们的困与忧放进自己的心里。

1998年正月初五，田东县作登乡梅林村并没有多少节日的喜气。走进瑶胞班连成家的茅草屋，陈开枝看到两个孩子发着高烧蜷缩在床上，想给孩子找口热粥，揭开锅，光光的。

春节都没有粮食，孩子的病也没钱治。陈开枝看着他们空洞的眼神，悲伤的眼泪夺眶而出，愧疚的胀痛一瞬间填满心房。

百色的老百姓太苦了，我们欠他们的太多了！他抹干眼泪，掏出身上的钱，和随行的同志一起凑了2700元，让孩子治病，帮村里没粮食过年的农户过个安心年。

因为心里装着百姓的苦，陈开枝往百色跑得更勤了。20多个春秋，他跑了109次，带去了东部发达城市的资金项目，也带去了先富起来的理念思路。

在他的推动下，广州先后帮扶百色建设5个县的6个移民开发区，完成搬迁大石山区特困农民8000多户4万多人，实现了当年搬迁，当年开发，当年解决温饱，当年住进新房“四个当年”目标。

很少人知道，许多次，陈开枝都是带着病去的。他的痔疮十分严重，经常大出血，必须用卫生纸垫着走路。

由于工程建设艰难复杂，仅六隆1个移民开发区，陈开枝就先后28次到现场指导。

1998年，百色提前两年完成了国家“八七”扶贫攻坚计划目标，验证通过后，陈开枝睡了一个少有的安稳觉。

记不清有多久，他没有睡过一个整觉，没有吃过几顿热乎饭。只要想到百色的老乡还没房住、没饭吃，他就睡不着，吃不下，他欠他们一个富裕的乡村、一个温暖的家啊！

现在，一颗悬着的心终于可以放下来了。

唯有教育扶贫，才能根本改变一个地区的落后面貌

陈开枝初到百色时，当地有3.6万多名失学儿童。而这些孩子的认知水平，让他愕然而又心酸。

有一次，陈开枝遇到一个孩子，父亲去世很多年了，但问他，父亲是什么时候去世的，他都说是昨天死的，因为他连基本的时空概念都没有，只有昨天、今天和明天的概念。

还有一次，他听到两个小孩儿吵架，一个说“我姐夫上过三年级”，另一个说“你姐夫才三年级有什么了不起的！我爸还去过一次县城，你爸就没去过”。

这些都可以拿来炫耀，来自大城市的人听了大多会惊得目瞪口呆。

对于很多一辈子都没有下过山的百色人，外面的世界就像富裕的生活一样，遥不可及，甚至都没有可以具体一些的想象。

自幼出身贫寒，靠知识改变命运的陈开枝，对贫困有着切肤之痛和天然的同情。看着眼前的这些孩子，他想到了幼年的自己，还有艰苦求学的岁月。

陈开枝的父母养育了8个儿女，他排行老六。人口多，又没土地，一家人的日子常常是吃了上顿没下顿。

5岁时全家被迫逃难，陈开枝差点被扔在半道上。没有东西吃，他就靠野菜充饥，经常饿得一边干呕一边哭。1947年，他最小的叔叔因为饿，吃了太多泥炭土，被撑死了。

活着，对于那个年代的人，就是一件最难的事。如此的惶惶不安的生活，直到1949年的秋天，才终于结束。

新中国成立后，家里的生活终于稳定了。但读书依旧是不易的事。小学四年级时，家里让陈开枝退学，老师匆忙找上门："这孩子学习很用功，让他继续读吧！"

父母咬紧牙关，一直供他读完初中三年。陈开枝每月拿4元8角的助学金，刚够买30天的白饭，若是有第31天，只能靠班主任帮忙。

初中毕业后，他准备回家务农，校长劝他去考师范学校，"免费的，包食宿，出来可以教小学"。等到他从中等师范学校毕业，国务院又来了通知，要挑选优秀毕业生保送去念师范大学。

"校长将保送我的消息告诉我，我却哭着说不可能。因为母亲不想让我再读下去了，要我工作贴补家用。"回忆当年的情景，陈开枝感慨万千。

正值三年自然灾害期间，家家户户都很困难。为了帮助这个好苗子继续攻读，校长发动全校教师募捐，并让教导主任拿着捐来的100块钱和60斤粮票去说服陈开枝的母亲。还有一名考上空军的同学，承诺每月从津贴里抽出5元钱来补贴陈开枝上学的费用。

最终，陈开枝的母亲点了头。结果报到的第一天，陈开枝因为没有穿鞋被门卫挡在了外面。从出生到走进大学校门，直到20岁，陈开枝才第一次穿上一双鞋。

进入华南师范学院读书，彻底改变了陈开枝的人生轨迹。“1963年冬，学校领导告诉我，上面决定从大学里面挑选优秀的毕业生到机关去‘掺沙子’。广东省委政策研究室下来物色人，选了我。”

1964年8月，陈开枝扛着两箱书迈进了广东省委大院。28个寒暑，这个勤恳能干的高材生先后在十任省委领导同志身边工作过。

从一个穿不起鞋的孩子成为一个国家干部，陈开枝的心中有一份深深的报恩情结：“是党将我这个苦孩子培养成为能为老百姓办点事的人民公仆，我心存感激。”

通过自己的亲身经历，他更加认识到，唯有教育，才能根本改变一个人的命运；唯有教育扶贫，才能根本改变一个地区的落后面貌。

陈开枝刚到百色的时候，全地区只有一所高中。多数学生初中毕业就外出务工，严重制约了当地经济发展和人才培养。

广大干部群众盼望再建一所高中，如久旱之盼甘霖。但新建一所高中需要巨额的资金投入，谈何容易？

陈开枝四处奔走，找到了香港企业家彭磷基先生。彭先生为陈开枝的精神所打动，慷慨捐款3000万元。

祈福高中于2000年2月破土动工，当年9月建成并首期招生，5年后就出了一个广西高考状元，考入清华大学。如今，这所学校已是广西的自治区级示范学校。

从1998年开始到2005年间，陈开枝发动海内外爱心人士捐资近3

亿元，在百色新建、改建242所中学、小学和幼儿园；他发动广州市政协常委企业家郑柱成先生捐资近千万元，专门培养边境地区特少民族251名孩子。

1998年11月，陈开枝收到平果县邓红霞的求助信。她是当年小平同志以一个老共产党员名义资助的25个百色贫苦孩子之一。

小平同志逝世后，邓红霞担心邓爷爷不在了，以后没法读书了。陈开枝二话没说，一直资助她到大学毕业。

2004年，在百色市凌云高中读二年级的学生姚美辛，因为家庭困难面临辍学。陈开枝知道后，资助了她1000元交学费，并一直鼓励她顺利大学毕业，姚美辛一直非常感激，工作后也一直帮扶困难学生。

“陈主席就是我们的翅膀，是他让我们有了飞翔的动力。”姚美辛说：“我要把陈主席对扶贫工作、对贫困学子的爱传递下去，用自己的方式回报好心人曾经的帮助，传出爱心‘第二棒’。”

程琬婷是百色祈福高中首批学生，毕业考上大学第一年就因无法交付学费而面临辍学，是陈开枝的4000元捐款解了她的燃眉之急，也彻底改变了她的命运，让她实现了教师梦。

在2010年祈福高中建校10周年校庆上，程琬婷见到陈开枝，要将4000元还给恩人。但陈开枝却握住她的手说：“不用还钱，把你的爱心传递下去。”

在陈开枝的家中，有一捆捆被他视作珍宝的“家书”，那是多年来他收到的来自学生的求助信、感谢信和汇报信。

天水师专一名曾写信向他求助的学生，毕业后回到家乡当初中代课教师，每个月的工资只有300多元，可在来信中，他说自己很满足，一定要把陈爷爷的爱心传承下去，让家乡的孩子也成才。

连续多年，陈开枝用自己的工资，资助了30多个百色孩子。一个清廉的国家干部，连续资助30多个孩子，是一笔不小的费用。可是陈开枝却坚持下来，在每月发下工资的第一天，把费用足额地寄给孩子们。

他坚信，孩子们的成长与改变，正是贫困地区脱贫致富的希望所在。只有让更多的百色孩子成才成器、学成返乡，百色才会更快地从贫困走向富裕，从愚昧走向文明。

从2010年开始，陈开枝开始筹划建立百色市教育基金会，并担任名誉会长。基金会募资主要用来培训教师、帮助困难学生，长期滋补教育。

为了募集资金，陈开枝使出浑身解数，想了各种办法。很多人被他的执着打动，也加入了支援百色的队伍。

有一次，台湾王文洋先生到广州，要请陈开枝吃饭，陈开枝正为百色的事情忙得不可开交，他和王文洋打趣说：饭不吃了，给我打个包吧，移民开发区建学校差50万呢。

王先生看着他操劳忙碌的样子，心中很受触动，立刻应声，捐了50万元。

陈开枝身边的工作人员更是常常跟着他自掏腰包、捐资助学。

有一次，陈开枝第一次到田东县作登瑶族乡，看到几个小学生挤在一间仅用4根木头撑着油毛毡搭凑的教室上课。他当即请随行的同志把身上的钱都掏出来，凑了4万多元，交给村支书盖校舍。

滴水成河，众志汇海。在陈开枝的带动下，广州青年和社会人士积极投身手牵手活动，先后帮扶4000多名百色贫困家庭的孩子完成学业。

基金会有了较为丰厚的资金，在助学方面更加游刃有余，可以为困难家庭长期提供助学资金，同时对特殊群体和特困家庭，基金会实行一揽子帮扶计划，从小学一直到大学，在国家政策救济的基础上，叠加资助。

一批批受益于教育扶贫的孩子们学成归来，成为百色建设发展的生力军。

第一个100圆满完成，第二个100正在路上

1998年7月，陈开枝离开广州市政府的工作岗位，调任市政协主席。这意味着他可以卸下扶贫百色的担子了。

百色的同志担心地问："您换了岗位，年纪也大了，还来不来？"陈开枝斩钉截铁地回答："来！"

在陈开枝看来，政协的平台可以团结社会各界力量，对扶贫工作大有帮助。果然，履新的第二个月，他就筹集到250万元善款，再次向百色进发。

2005年，陈开枝来百色扶贫的次数已满50次！这一年，满65周岁的陈开枝从政协主席的职务上退休，担任中国扶贫基金会副会长。

百色的干部又嘀咕了："他老人家可能不会再来了。"

可是，陈开枝依旧没有改变过去的习惯："我之前来了50次，现在退休了，只要我能活到85岁，一辈子一定要来100次。"

第二个100次又出发了！

那一年的春节，是陈开枝在百色度过的第九个春节，他一共给乡亲们带去了1800万元善款。

担任中国扶贫基金会副会长后，陈开枝的视野更宽、活动范围更广、能力更强。到2017年8月，他圆满实现了百色扶贫100次的目标，比原计划整整提前了8年！

别人问起百色扶贫的经验，陈开枝滔滔不绝，故事不断。他把百色的扶贫经历归纳成了五句话：

一是认识要高。去扶贫的干部要认识到扶贫攻坚工作关系到我们国家的均衡发展、长治久安，也关系到老百姓的小康。

二是感情要深。不掉眼泪哪有感情，有的扶贫干部看到老百姓的困境都无动于衷。扶贫最怕有恩赐感，以为是我来救你的，高高在上。埋怨扶贫对象懒、不开化，这种想法不对。

三是路子要对。要脱贫，又没有很好的路子，一下一个主意反复折腾，时间耽误不起。而且钱也没多少，不能扶一个地方就交几千万学费。路子怎么走，一定要经过深入的调查研究。

四是措施要硬。当时百色扶贫修一条路，厅级干部要管一公里，科级干部管五百米，反正怎么修都要完成。现在中央措施是很硬了，下了很大的决心，又和各省签了责任书，就看各地怎么执行。

五是作风要实。扶贫要深入下去，不能浮在面上。要强调实干，不要空谈。

没有大话套话，百色的扶贫就是实打实干出来的。有人统计过，陈开枝13岁外出读书工作，60多年回老家不到50次，21年间到了百色100次。

今年4月，陈开枝第107次去百色，行程又排得满满的：

19日深夜方抵达休息。

20日一早去百色祈福高中检查学校扩建情况，然后与百色广东商会座谈，下午赶到田阳县第一中学看望贫困孤儿，然后考察环保工业园……

深夜回到百色市区，太过劳累的陈开枝在宾馆的洗手间里摔倒了，他头部外伤大出血，缝了8针，颈椎骨骨裂。

只躺了一天，他就在当地医院的会议室召开百色教育基金会理事会，研究筹教事宜。第二天又去百色祈福高中参加毕业生高考动员大会，第三天才转回广州市区的医院治疗。

这不是陈开枝第一次摔倒在扶贫路上了。可是他丝毫没有畏惧。整整3个月，他就戴着护颈装置往返多地，还开玩笑说，多亏自己“脖颈够硬”，否则扭伤脖子说不定有性命之危哩。

其实，陈开枝并非没有顾虑。按照中央的规划，到2020年农村贫困人口全部实现脱贫，他担心自己这么大岁数，无法完成到百色第二个100次的目标。

在有限的时间里，必须多做些事。78岁的陈开枝给自己定了个健身计划：每天走一万步，雷打不动！

如果在家，就在院子里走；如果出差，就在房间里走。目的只有一个：练好身体，做好扶贫。

陈开枝的老伴特意陪伴他到了百色最边远的隆林、西林两个山区县调研。她知道，23年来，他跋山涉水，走遍了百色数百个大小乡镇。无数个日夜，他风餐露宿，与当地群众同吃同住同劳动。

因为百色，陈开枝连获“全国扶贫状元”、脱贫攻坚奖贡献奖。他把这些奖杯、奖状放在家里，不时拿出来端详，再小心收好。

这一生，百色已经嵌入了他的生命之中，他放不下，也忘不了。

2019年10月10日，陈开枝又一次出现在百色民族高中。在他和百色市工商联的努力下，百色广东商会向百色市教育基金会捐赠45万元，在百色民族高中设立“百色广东商会助学班”，50名学生每人每年可获3000元助学金，直到毕业。

开班仪式上，陈开枝给学生们做了讲话。镜头记录下，一个白发苍苍的老者，望向孩子们的殷切眼神。“孩子们记住了，要自强不息，通过努力奋斗改变自己的命运，更要心怀感恩，做一个对社会有贡献的人。”

生命不息，扶贫不止

从百色开始，陈开枝扶贫的脚步，走得越来越远。

2013年，年逾古稀的陈开枝被推选为广东省老区建设促进会(以下简称“老促会”)会长。他上任后的第一件大事，就是为广东原中央苏区积极争取政策。

2014年7月，国家发改委批复，同意广东省13个中央苏区在安排中央预算内投资和国外优惠贷款时参照执行西部地区政策。

2016年，新一轮扶贫工作启动，陈开枝带领老促会工作人员，前后奔赴15个地级市的40个县(市、区)深入调研。调研报告得到广东省委、省政府的高度重视，不少意见和建议被纳入《关于加大脱贫攻坚力度支持革命老区开发建设的实施意见》。

有中央领导同志曾赞许他说：“你为退休老干部树了个榜样。”

搞好扶贫，既是陈开枝的职责所在，也是他的心愿所系。而这颗心愿的种子，已经深藏了27年。

那是1992年1月18日至2月21日，邓小平视察武昌、深圳、珠海、上海等地并发表南方谈话，其中在广东停留11天，由时任广东省委副秘书长陈开枝全程陪同并负责安全接待工作。

陈开枝是在南海市沙头镇考察时收到的消息，时间是1992年1月1日，电话那头，时任广东省委书记谢非只说了一句话，“我们盼望已久的那位老人家要来了，请你赶快回来做出安排”。

陈开枝立刻就明白了。

为什么？“因为我们那几年太压抑了，早就希望老人家来了。”时过境迁，陈开枝依旧感慨良多。

那几年，是中国经济改革与对外开放实践面临困境、批评改革开放的声浪迭起、人们再起担忧疑虑的年月。走在改革开放潮头的广东，在那个时刻，自然被推到了舆论的风口浪尖。

能在历史时刻留下痕迹的人，大都有多走几步路的勇气。陈开枝便是如此。在他接到通知的两天后，北京派来的先遣组抵达广州，提出“小平同志是来休息的”，把“不劳累”作为安排行程的重要原则。

邓小平出京前，又让工作人员通知：不要专门汇报，不要陪餐，不题词，不见记者，不摄影，不报道。

陈开枝却大胆地试探行程安排的边界。“我认为小平同志不是来休息那么简单，因此努力说服先遣组，在确保安全和考虑老人家健康的情况下，让他多看看、多谈谈。一定要看看珠江三角洲，中山、顺德等地变化很大。经过争取，最终敲定了‘深圳—珠海—珠江三角洲—广州—上海’的行程。”

应对“不报道”的要求，陈开枝又提出，这样的时刻总该留下历史资料。他对相关负责同志说，我不公开报道，但拍内部片总可以吧？经过争取，广东电视台去了两个人，南方日报社去了一位摄影部主任，新华社广东分社去了一位副社长。将小平同志在车上谈、走着谈、座谈时谈的内容，尽最大努力保留下来。”

邓小平抵达深圳的第一天上午，按原计划应该休息，结果进屋没一会儿，就走出来说：“到了深圳，坐不住啊！你快点叫车，让我出去看看吧！”陈开枝立即调车，安排他去看市容和参观皇岗口岸。

时隔27年，陈开枝依旧记得小平同志在边境久久地凝视对面香港土地的神情；他清晰记得，小平同志看到繁荣的拱北海关时笑得欣慰；谈及改革开放时说“改革开放胆子要大一些，敢于试验，不能像小脚女人一样。看准了的，就大胆地试，大胆地闯”这番话的坚决；在参观清朝海关遗址时感慨“贫穷落后就要挨打”的凝重神色……

这些点滴，都牢牢印刻在脑海，触动陈开枝在后来的岁月中，不断思考并践行着小平同志提出的先富帮后富，最终走向共同富裕的思路。

退休后，作为中国扶贫基金会副会长，他需要经常奔赴全国大部分贫困地区和事故灾区。玉树、雅安、大兴安岭，青藏高原，都留下了他的足迹。同时作为广东省老年促进会会长，他经常要到粤北、粤西等地区开展调研工作。

搞村村通路、通水、通邮、通广播电视，移民搬迁、企业投资、扶持产业、输出劳务……陈开枝的脚步走得越远，扶贫的网络就织得越大，他越感到要做的事情还有太多太多。

有人问，2020年以后还去不去扶贫，陈开枝很郑重地说："你们千万不能理解到了2020年中国就没有扶贫任务了。扶贫问题是动态的，今年脱贫了，明年突然一场大病就有可能返贫，况且贫困标准也可能提高了。等到了2020年，全国人民全面进入小康，这是没问题的。但是不能认为2020年以后的扶贫工作就一劳永逸了。"

年近八旬，亲友们也常常不理解，明明可以享受优渥的退休生活，干什么还要往最穷的地方跑？！

陈开枝却独独享受这个过程。车子行驶在路上，放眼窗外，他常能看见一个奇怪的现象：小孩子打着架，会停下来先敬个礼，敬完礼继续打；撒着尿的也会把裤子先拉上来，敬完礼再继续尿。

这不约而同的敬礼，就是当地人对陈开枝的感谢。老师告诉孩子们，山里少有人来，如果看到车辆，就是帮扶咱们的恩人来了，要敬个礼。

这样的敬礼，让颠簸而又枯燥的旅途充满了温暖和期待，也让陈开枝后半生的奔波，有了更加清晰的指向。

2019年12月11日，陈开枝又要完成一个大目标，他要把近年来筹集到的3000多万元善款，全部捐赠给百色教育基金会。他有信心，因为许多他曾经帮扶过的人正在接过“爱心接力棒”，把他对扶贫工作、对贫困学子的爱心传递下去。

他的办公室里挂着一幅“永不言倦”的题字。“生命不息，扶贫不止”成了他最近几年的座右铭。

“虽然我年龄大了，但作为一名共产党员，扶贫的义务没有变，为人民服务的责任没有变。”

为人民服务，那是陈开枝一生许下的誓言。

1960年6月，20岁的陈开枝把补丁摞补丁的文化衫小心翼翼地洗干净，当成新衣穿在身上，面对党旗，举起右手郑重宣誓加入中国共产党。

从此，岁月如大江奔涌，而他初心不变。

（◎吴晶 林鄂平 朱洁英）

花开不败暖苗乡——杨淑亭

2019年6月21日，在人民大会堂召开的全国残疾人脱贫先进事迹报告会上，一位年轻靓丽的女代表格外引人注目。

她叫杨淑亭，身着蓝色苗族服饰，安静地坐在轮椅上，脸上始终挂着甜甜的微笑。很少有人知道，为了顺利完成报告会上的分享，这个高位截瘫、两便失禁的姑娘从前一天晚上开始，就忍着没有喝过一口水。

从被突如其来的车祸拽向地狱，到被亲情唤醒放弃轻生，从试水网络开店到带动乡亲致富，这个90后女孩儿的人生经历征服了现场听众，令其热泪涟涟。

当鲜花和荣誉纷至沓来，杨淑亭倍加思念那些曾经带给她温暖和力量的人们。她要带领更多的人走出贫困，帮助他们走出生命的阴霾，迎接充满希望的未来。

没有人能懂，我的痛不欲生

2011年4月28日，一场噩运，毫无预兆地降临在刚刚20岁的杨淑亭身上。

这天夜里，在新宁县博雅医院下班后，杨淑亭骑着助力车，送同事去武冈。夜色漆黑，车子上了省道，遇到一处下坡的拐弯，一瞬间失控，撞上路边护栏。

历经一次次抢救，甚至在医生判了死刑的情况下，杨淑亭奇迹般地活了下来。

醒来时，她发现自己躺在重症监护室的病床上，她用力起身，却发现全身不能动弹，抬起手去摸身体，触碰到的双腿没有一点知觉。

医生手里拿着一把钥匙，从脚开始往上滑动，一边滑一边询问，每次都在重复一个问题，而这个问题只有简单的4个字。

“有知觉吗？”

“没有。”

钥匙滑到小腿，“有知觉吗？”

“没有。”

滑到大腿，“有知觉吗？”

“没有。”

钥匙一直往上滑，滑到胸口时，她说了一个字：“疼。”

事后杨淑亭才知道，医生当时的诊断是：胸椎789爆裂性骨折，头部裂伤，肺部挫伤，肋骨5根骨折。可以说，当时的她全身没有一处好的地方，可谓是体无完肤。

这一撞，彻底改变了杨淑亭的人生轨迹。

1991年，杨淑亭出生于湖南省邵阳市城步苗族自治县白毛坪乡下坪水村，父母是普普通通的农民。

城步县是国家级贫困县，下坪水村属于犄角旮旯，十分贫困。杨淑亭的童年就在破旧的小木屋中度过，环绕的群山锁住了人们的出路，却涵养了单纯善良的心性。

勤恳的父母养育了懂事的女儿。杨淑亭从小学到中学，一路顺风顺水，考入邵阳医专高等专科学校，2009年毕业后到长沙市雨花区农博服务社区当护士，2011年3月转到新宁博雅医院当医生助理。

命运就是如此无常，花开的季节，却遭遇冰霜。

胸椎爆裂。20岁生日那天，杨淑亭再次被推进了手术室。

6个多小时的手术，她的身上植入9颗钢钉和2块钢板。杨淑亭从麻醉中醒来，问医生的第一句话是："医生，我以后还能穿高跟鞋吗？"医生只能安慰她说："好好休息，别多想。"

高位截瘫，当医生把这个如同晴天霹雳的消息告诉她，这个女孩彻底懵了。

从一个对生活充满期待的快乐女生，变成一个全身不能动弹、连翻身都无法完成的"大婴儿"，那种心理上的折磨和痛苦，比身体上的残缺更加让人难以忍受。

她在心里无数次地问自己，当一个人连穿衣、洗澡、翻身、如厕都不能做的时候，还谈什么生活，还谈什么未来，还谈什么活着的意义？

父亲为凑齐杨淑亭的医疗费，借遍了所有亲友，在他的记事本中详细记录着：

某某1000元，某某10元，某某50元……

30多万元的医疗费，对于他们这样的家庭而言，简直就是一个天文数字！

长达半年的住院治疗，每天就是吃药、输液，躺在床上不能翻身，二便失禁，喝水只能用吸管。

泪已流干，杨淑亭每天形如枯木。清醒的时候，她呆呆地看着医院的天花板，脑海里只想着一件事：生不如死的日子，我该如何结束这样的生命？

那些日子，她将真情实感，倾诉在日记里。苦难，让她渐渐拥有了诗人一般的感悟：

2011年6月10日：这个夏天，我过得很忧伤……

2011年8月2日：我回来了，从地狱狠狠地爬了出来。很遗憾，我是拖着三分之一的自己出来的。我用我最坚强的一面面对我身边的每一个人，没有人能懂，我的痛不欲生……

2011年8月4日：我骄傲我有你们没有的经历，我骄傲我有我的坚强。树叶的坠落不是大树不挽救，而是大地更温暖……

2011年9月8日：透过深蓝的纱窗，看见有些枯黄的小草。枇杷树长出新的嫩绿，象征着生命的延续……

2011年9月23日：岁月依旧繁华，伸出双手任阳光肆虐洒向全身，感受那久违的温暖……

清秀的脸庞，黝黑的秀发，雪白的肌肤，灿烂的笑容……这个本应踩着高跟鞋尽显韶华的花季少女，拖着三分之一的身体，带着满目疮痍的灵魂，从地狱的深渊爬回人间，面对着这世间最难的难题，接受着这世间最沉重的考验。

坚强地活下去，才是对父母最大的报答

出院半年之后，杨淑亭被抬回老家，那个被大山环绕的小木屋里。

四壁的木板被岁月熏染成墨色，刺鼻的药味充斥着整间屋子。木板墙上有一个小小的窗户，晴朗的日子里，会有明媚的阳光透进来，可是，这光还是太微弱了，照不到黑暗的深处，照不亮躺在一旁那绝望的灵魂。

杨淑亭一动不动地躺着，眼睛盯着屋顶，视线之内，有时会爬过一只小虫子，非常渺小，却能够自由自在地爬来爬去，可是她却连爬都爬不起来！

日复一日，杨淑亭就这样痛苦而又绝望地熬着。

父母再也没有钱送杨淑亭去康复医院，父亲就自学针灸、电疗、按摩，以此帮她康复锻炼。

母亲无论酷暑严寒，都会上山为杨淑亭采集草药，为她烧一桶又一桶的热水热敷全身、擦拭身体，一天至少3次，一次90分钟。

数不清多少次，母亲一边给她热敷，一边流泪，粗糙的手掌被热水泡得泛白、起泡、脱皮……

过度的悲伤与操劳把父母的黑发染成层层白发，杨淑亭看着这白发日渐增长，心如刀绞："我都二十岁了，不但不能报答父母的养育之恩，还变成了他们的包袱！"

一天，母亲喂杨淑亭吃完苹果，便上山采药了。杨淑亭侧过脸，看到床头柜上有一把水果刀。

电光石火间，一个可怕的念头跳出脑海。那把刀仿佛有了魔力，吸引着她伸出手去。

快！结束噩梦的终点就在一旁，静静地躺着，触手可及。只要一下子，你就解脱了！

杨淑亭真的将手伸了出去，可是她够不着。她咬牙挪动上身，再去够，还是够不着，可这次就差两公分的距离。她决心奋力一搏，拼命将胳膊甩了过去，这一次，她触碰到了水果刀，却把它碰到了地上。

人生不过生死而已，可是生死都伫立一旁冷眼旁观。杨淑亭哭了，哭得撕心裂肺——命运为什么这么残忍，她竟连轻生的能力都没有。

母亲采药回来，看见杨淑亭，还有地上的水果刀，什么都明白了。母亲哽咽着说："亭亭，你可不能乱想啊！你要是没了，我和你爸也活不下去了！"

看着母亲流泪的双眼，杨淑亭艰难地点点头。那天，她终于彻悟："坚强地活下去，才是对父母最大的报答。"

父母的爱是那和煦而温暖的光，穿过黑暗透进她几近枯竭的心房，抚慰着她孤独的灵魂。

杨淑亭一家深陷绝境的时候，亲朋好友纷纷伸出援手。闺蜜孙华伟和罗晓艳更是不离不弃，常来看她，陪她聊天。为了更好地照顾她，在医院工作的孙华伟甚至辞去工作，成为照顾杨淑亭的私人助理。

各级部门在得知杨淑亭家的不幸遭遇后，将他们全家列入建档立卡贫困户名单，他们的基本生活也因此有了保障。

身处绝境时点点滴滴的温暖，慢慢地唤起杨淑亭对重建生活的勇气。

"生活不是一朝一夕的事，世界上高位截瘫的也不只有自己一个，不能总是过'衣来伸手、饭来张口'的生活啊！"想到张海迪，想到很多身残志坚的人，想到他们与命运抗争的故事，杨淑亭下定决心，一定要自己走出来，绝对不能成为父母和社会的负担。

2012年4月的一天，初春的气息钻进了小木屋，召唤着蛰伏已久的生命。

杨淑亭深吸口气，终于“走”出躺了整整一年的“小黑屋”。

这是她第一次有勇气坐上轮椅，也是她第一次张大嘴呼吸到屋外的新鲜空气。

熟悉的山野里，野花已经悄悄开了。湛蓝的天，纯白的云，娇嫩的绿叶在微风中摇曳，斑斓的色彩让人目不暇接，甚至耀花了她的双眼。

清新的空气沁入心脾，滋润着她疲倦的生命。艳丽的阳光毫无保留地拥抱着她，以亮到刺眼的光亮扫去她心中的阴霾。

这一天，在明媚的春光里，生命仿佛石缝中的劲草，从漫长的黑暗中苏醒过来，迸发出难以阻挡的生机，灌注到杨淑亭的身体里。

突然，她笑了，笑得那样灿烂。阳光打在她苍白的脸上，衬出一份素雅的清丽，让所有山花都失去了颜色。

她是从黑暗中开出来的光明之花，历经劫难，再无风雨能阻挡她的“怒放”。

我身体虽然不能再站立起来，但精神一定要站立起来！

哥哥杨唤启在广东打工，为排遣妹妹在家养病的寂寞，特意花3000多元，捎回了一台电脑。

2012年12月，受伤一年半之后，杨淑亭在朋友的帮助下，第一次接触到了互联网。

点击鼠标，她的面前仿佛出现了一扇大门，门的另一边，是一片广阔而神奇的世界。在那里，她结识了很多轮椅歌手、轮椅舞者和轮椅运动员。

他们不畏身体的残障，满怀信心和勇气去拥抱生活、去追求梦想，杨淑亭被深深感染了。

“虽然我的身体被困在轮椅之上，可我还有健全的双手，我还有健全的大脑，我应该尽自己的能力去做对家庭、对社会有益的事情。”杨淑亭决定，自谋出路，重新设计自己的未来。

究竟能做什么呢？杨淑亭想过太多，很多时候通宵达旦，夜不能寐。她花了整整一个月的时间，在网上尝试各种机会。

刚刚能坐起身，坚持十几分钟就会满身大汗，必须躺下休息。一次下来只能挣到几分钱，但她却每天几十次坚持这样坐起、躺下。

一个月后，第一笔收入进账了：7.7元。这是杨淑亭用游戏代练赚来的。

7.7元，只不过是一桶方便面、一顿早餐、半杯奶茶的价格。可是，当杨淑亭看到这个数字时，她的心里有一个声音在高喊：我不是废人！我还有用！

为了减轻家里的负担，杨淑亭每天都会守在电脑前十几个小时。她不想失去任何一个客户，不想失去任何一次可以抓住的机会。

由于坐立的时间太长，她的身体出现了不适。每当放弃的念头闪过脑海，父母和好友的身影就会浮现在眼前，一次次鼓励她：坚持下去，你能行的！

“当上帝关了这扇门，一定会为你打开另一扇门。”这句古老的至理名言，在杨淑亭身上又一次得到印证。

杨淑亭成了“网络达人”。她帮人做淘宝客服，和朋友合伙开服装网店，忙得不亦乐乎。

夜晚，她撑着疲惫的身体，逐一记录下自己的心得、经验，无私地分享给网上聊天的病友。

一个、两个、十个、一百个……杨淑亭的病友群越来越大、遍布全国。一年后，200多名来自全国各地的残疾人跟着杨淑亭顺利实现网络创业。

他们的聊天内容，不再是抱怨，不再是绝望，不再是等待，而是拓展市场的办法、自食其力的尊严、重拾自信的喜悦。

“我身体虽然不能再站立起来，但精神一定要站立起来！”杨淑亭的日记再没有怨天尤人的哀叹，只有重新展翅的翱翔：“我要做花开不败的女人，虽然身体残缺，也要比完整的自己活得更精彩！”

乡亲们这么相信我，我有什么理由不坚持?

网上商店开得越来越红火，杨淑亭敏锐地察觉到，仿真花的市场巨大。2014年，她和残疾人朋友一起开了一家仿真花工艺品淘宝店。

创业是艰难的，女人创业更加艰难，身患残疾的女人想要创业更是难上加难。

店里的配件都从网上购进，但货物只能配送到县城，为了选好每一朵花，以好的质量赢得好的信誉，杨淑亭每次都坐着轮椅接货、送货。

一次下雨天，杨淑亭和妈妈去县城接货，父亲见她们许久没回来，打电话也没接，就拿着雨伞去村口等她们。刚出家门没多远，就看到昏暗的路灯下，两个瘦弱的身影正在缓缓移动。

父亲急忙加快脚步跑过去，一把搂住了全身湿透的女儿和妻子。一家人相拥而泣，泪水雨水混在了一起……

冰冷的雨水并没有浇灭杨淑亭心中燃起的光亮，反而激发了她的斗志。她和一群素未谋面的残疾人相互打气、相互鼓励，一起做游戏代练，一起做广告点击。少的一分钱、多的三分钱，就这样一分一角地积累，日复一日地努力。

终于，杨淑亭赚到了人生中第一桶金——40多万元。她不仅还清了家中所有外债，还主动向村干部提出，摘掉自家贫困户的帽子。

杨淑亭家的小木屋再不是大门紧锁、愁云笼罩。凭借自己的双手和智慧，这个轮椅上的女孩儿成了全村人夸赞的致富能手。

肢体的残缺只能阻碍人的行动，却无法阻挠思想的奔跑。当互联网给创业插上翅膀，杨淑亭的见识越来越多，想法也越来越大胆。

望着远处的群山，看着辛苦劳作的乡亲们，她开始思考：如果我能通过网络创业致富，我的乡亲们为什么不行？

这样的想法招来一片惊疑的目光。一个朋友好心劝她："你一个残疾人管好自己就很不容易了。"可杨淑亭却坚持："我个人脱贫了，但我身边还有很多父老乡亲依然在贫困线上挣扎，我的家乡还是国家级贫困县，我这轮椅代替双腿的脚步可不能停啊！"

从坐起来都困难到打理网店得心应手，从7.7元到40万元，杨淑亭经历过创业的挑战，摸索过创业的路径，她相信，想到就要去做，敢尝试就有可能。

2015年5月，"城步万红花卉种植专业合作社"在下坪水村成立了，负责人正是杨淑亭。合作社需要大量劳动力将仿真花卉半成品拼接为成品，社员领回半成品，在自己家里就可以上班，合作社统一回收统一销售，社员按件计酬，多劳多得。

加工厂开在家门口，在家干就能有钱赚？起初，乡亲们半信半疑。

一户、两户、三户……小小的塑料花真的能赚钱！周边200多户贫困家庭纷纷加入，当年每家创收1万元以上。

半年过去，杨淑亭又在县城周边和白毛坪镇设置22个花卉组装代理点，招募400余人，月人均收入可以达2000元至4000元。

在乡亲们的巧手下，百合、蝴蝶兰和绣球花三大系列的仿真花打败了众多竞争者，不断销往匈牙利、奥地利、俄罗斯等国家。

望着乡亲们开心的笑容，杨淑亭越发坚定：“只有做更大的产业，才能有更大的发展，也才能更好地帮助和带动更多的贫困群众脱贫致富。”

经过细致调研，杨淑亭发现公司的产品很多都用作了出口，她迅速成立外贸公司，并增加了箱包项目。

她还特意给公司起名叫“七七科技”，纪念自己从网上创业赚到的第一笔钱——7.7元。

7.7元，是她用游戏代练赚来的第一笔钱。这是重生的起点，也是创业的支点。每当她遇到困难和挑战，她都会用这第一笔订单给自己鼓劲儿。

为了争取箱包业务的第一个客户，杨淑亭和闺蜜决定从家乡的小山村开车前往陕西。医生反复叮嘱：坐，不能超过3小时，否则可能引发感染并发症。

路太远，她一坐便是13小时。为了控制上厕所，她就不吃不喝，嘴干得裂开了皮，胃饿得隐隐作痛。

不料，到了对方公司，客户没说几句，就草草打发了她们，临走，还冷冷丢下一句：“你这样的身体，就在家好好养着，别再瞎折腾了……”

返程途中，寒风瑟瑟，杨淑亭的心被窗外的小雨淋得透湿。一个残疾朋友的话语回响在耳边：没有人会因为你在用生命努力而信任你，也没有人会因为你是弱者而同情你。

可是，她又想起临行前乡亲们期待的眼神，她感到肩上的担子有千钧重，她好像再也扛不下去了。

回到家乡，乡亲们看出了她的焦虑，他们对她说："亭亭，没事，工资先不用给我们结，你拿到订单再给我们，我们相信你！"

一句"我们相信你"，把她胸中那团飘忽不定的火苗又一次点燃了。"乡亲们这么相信我，我有什么理由不坚持？"

一家公司拒绝了，再换一家；一个城市跑遍了，再跑一座……一年多的时间，杨淑亭坐着轮椅跑客户，冒着酷暑湿寒在车间里加班赶订单。

早起摸黑,找厂房、办手续、招员工、谈业务……饿了就喝一瓶水,累了就休息一下。杨淑亭付出了常人难以想象的心血，公司的业务步入快车道，订单像雪花般飘来。

如今，走进杨淑亭的办公室，一张世界地图见证了创业的奋斗。地图上贴着许多小红旗，公司的产品每占领一个海外市场，便贴上一面小红旗。

一面小红旗，标记的是战斗，更是胜利。从2017年至今，公司的箱包外贸出口额达690万美元，产品远销到欧美、南美、中东、香港等7个国家和地区。一共带动了504人就业，其中205人为建档立卡贫困人口，49人为残疾人。

我们就要走出一条轮椅上的脱贫路

2017年，杨淑亭又有新想法了。

她经过多次调研发现，农村很多留守的妇女因为照顾老人和小孩没有经济收入，残疾人找不到工作，如果能把工厂开到这些人的家门口，不是既能让他们照顾好家庭，也能增加他们的经济收入吗？

想到就做，杨淑亭迅速建起“居家式工厂”，安排一些建档立卡贫困户到公司领一些仿真花回去组装。

有了这份工作，白毛坪镇的杨大姐不但照顾好了八十多岁的公婆，还安顿了上小学的孩子，全家一年增加了2万余元的收入，很快就摘掉了穷帽子。

看到乡亲们热切的需求，杨淑亭又增开了3个扶贫车间，两年来共解决了200余人就业。

2017年7月，49岁的肖明辉抱着试一试的心态，前去参加杨淑亭公司的招工面试。

6岁那年，一次发高烧，肖明辉落下小儿麻痹症。14岁时父亲患病去世，到了40岁他还打着光棍，和70多岁的老母亲相依为命。

以前，他曾当过三轮车司机、电子厂工人，后来因为残疾的缘故，单位都不再续用，只能靠每天卖点小菜赚几元钱补贴家用。得知杨淑亭公司招聘的消息，他鼓足了勇气，走出了家门。

面试时，肖明辉始终低着头，话都不敢说，可是，他不经意的抬头，杨淑亭一下子就读懂了他的眼神。

他的眼睛里，有被苦难磨蚀的隐忍，还有不愿认命的倔强。那份倔强，和这天下太多身残志坚的人一样，无声却有力，绝望而又充满希望。

杨淑亭毫不犹豫，立即录用了肖明辉，分派他装背包拉链。

事实证明，从生疏到熟练，肖明辉仅用了几天时间。一个月不费劲儿，就能赚到2000元的薪酬。

在贫穷中长大的杨淑亭，懂得贫穷者的无助；在命运的泥泞中挣扎着爬出来的杨淑亭，更懂得残疾人心底的爱与哀愁。

彭石成的妻子患尿毒症，治疗花费了几十万元，孩子正在上学。

因为要经常照顾妻子，他很难找到固定工作，得知他的家中情况，杨淑亭主动聘用他担任下料工，每月给他保底工资2000元。

李红贞的丈夫患老年痴呆。万红花卉合作社每天派工作人员送半成品上门，方便她在家务工。李红贞手工活麻利，每天干完家务活，可以拼装仿真花成品200多支，几十上百元的收入便到手了。

王志舞本患有先天性听力障碍，与他说话时，要贴着他的耳朵大声地说，他才能听得见。他在一所技校学到基本技能后，主要靠自己琢磨，之后在武冈一家小厂务工，从事冲床修理工作。

杨淑亭看中他的才干，招聘他入职，付给他3000元的月薪。同时，还帮他争取到“分贷统还”的政策支持，贷款5万元入股合作社，每年可拿到5000元的固定分红。加上各项收入，王志舞每年可在合作社拿到4万多元……

一个个看不到希望的人，在杨淑亭的帮扶下，重新步入生活的正轨，拥抱温暖的阳光。

每当看到他们欣喜归家的样子，杨淑亭都觉得自己整个心都敞亮了，整个人都轻快了。这种相互搀扶、走向幸福的感受，让她感到了生命的甘甜，以及蕴藏在自己体内的无限能量。

2018年和2019年，杨淑亭带领着公司的团队前后四次参加广交会。这个坐在轮椅上指挥若定的年轻女孩儿，吸引了世界各地订货商的目光。

一次，一位海外客商在听完杨淑亭介绍产品后，十分郑重地弯下腰，对她竖起大拇指：“You are doing great!You are really brave!（你做得很棒！你很勇敢！）”

那一刻，杨淑亭笑了，她为自己战胜病痛笑得自豪，更为她带领更多的人击退贫困而笑得骄傲。

当一个人彻底走出了悲观和迷惘，迎接她的就是不断刷新的奇迹与再创的辉煌。

如今的杨淑亭，不再是温室里那娇嫩欲滴的花，经不起风吹雨打。她就像大漠深处拔地而出的仙人掌，带给绝望的人继续跋涉的希望，指引他们坚定地走出荒凉，去寻找生命的绿洲。

当人们往他们的方向眺望，都不禁为那一片茂盛的绿洲而感动、震撼。

唯有将爱传递，让这个世界更加充满爱

2018年的六一儿童节，杨淑亭在城步县举办的全国“传承国学，助力脱贫”活动上，带着学生们一起学习国学诗词，推广传播普通话。

轮椅上的她身形娇小，五官清丽，笑容是那样谦和，精神是如此饱满，人们不禁惊叹：这个女孩光芒四射，根本感觉不到她是一个高位截瘫的人。

“不能行走，我就坐车；不能站立，我就坐着；不能跳舞，我就唱歌。”杨淑亭要用行动去证明，只要拥有一颗健全的心灵，残疾人也可以活出光彩、绽放自我。

2016年6月，在湖南省首届插花花艺大赛上，一件名为“追梦”的作品颇为引人注目。“海阔天空任鸟飞，征程折翅骤有危，驾起天轮仍追梦，自强不息更升辉”，花艺作品仿佛被注入灵魂，诉说着追梦者的心路历程。

当评委宣布这幅作品赢得传统花艺金奖后，人们才知道，创作者原来是杨淑亭，一位高位截瘫的美丽姑娘。

“如果生命是一场旅行，梦想，一定是合格的导航专家。追逐梦想，我在路上！”杨淑亭曾在朋友圈写过这样一句话。

她的生命旅行并没有如常人一般平顺，她遭遇了急刹车，甚至一度停在原地。可是梦想，却把她带出了泥沼。社会的关爱，助她再次飞翔。

杨淑亭的身边，总有一个如影相随的人——孙华伟。她是她的闺蜜，也是她的私人助理。从车祸无情地夺走她行走权利的那一天起，孙华伟的关心和陪伴就成了她生活的支点和信心的源泉。

“因为有众多像小伟这样好心人的爱，自己才能走了出来，才能有了些许的成绩，现在唯有将爱传递，让这个世界更加充满爱。”杨淑亭曾多次在朋友圈中说自己“一直在路上，学习、收获、成长”，并感谢那些人生路途中遇见并“包容”她的人。

现在，她更想把自己从社会汲取的光和热，回报给身边同样需要温暖的人们。

2017年7月，城步县发生百年一遇的特大洪灾，她不顾公司也遭受了重大损失，带领员工冒雨驱车前往受灾最严重的白毛坪乡，将价值近2万元的被褥、衣物和食品送到亟需物资的灾民手中。

杨淑亭从小就过着苦日子，她知道百姓急需的是什么。每到扶贫日，她都要公司拨出一笔专款，为贫困户发放1万元到3万元不等的资助金。

每到开学季，她还要专门采购书包、走访寒门学子。

2018年春节，杨淑亭顶着刺骨的严寒去看望受她资助的孩子。山路崎岖，一整天的颠簸，她的轮椅和衣服上已满是泥泞，本就羸弱的身体也出现了不适，可是当她看到孩子们见到她时绽开的笑脸，她吃力地将身子前倾，和他们紧紧拥抱在一起。

为了鼓励孩子们，杨淑亭讲起了自己的故事，孩子们被她眼中泛起的泪花触动了，更被她战胜困难的意志感染了。

临行前，一个刚刚失去母亲的小女孩拉着杨淑亭的轮椅扶手，依依不舍地说道：“姐姐，你一定要经常来看我啊。”

杨淑亭一边笑着，泪水又滑下了脸颊。她在心中许下心愿：她的花季曾经折翅难飞，希望眼前这些可爱的笑脸永远明媚。

心存善，行致远。公司的发展越来越稳定，杨淑亭的人生也画出越来越精彩的曲线。近年来，她先后荣获“残疾人之家”“中国湖南十佳最美苗家姑娘”、湖南省“百名最美扶贫人物”“湖南省自强模范”“湖南省向上向善好青年”等称号。

2019年5月16日，杨淑亭来到北京，“走”进人民大会堂参加全国残疾人表彰大会，受到习近平总书记的亲切接见。此后，她又作为湖南省唯一的一名代表，赴京参加全国脱贫攻坚奖表彰大会暨先进事迹报告会，并被授予“全国脱贫攻坚奋进奖”。

“这是一份沉甸甸的荣誉，更是一份责任。”领奖后的杨淑亭更加坚定：“今后我要进一步扩大公司生产规模，创办更多扶贫车间，带领更多群众脱贫致富。”

现在，杨淑亭正在努力实现两个最大的愿望：一是建好新厂房带领1000户以上的贫困户脱贫；二是希望创外汇1000万美元以上，公司生产的产品遍布全球。

如果你走进苗乡深处，来到杨淑亭的故乡，一栋栋木屋里传出的是缝纫机飞转、射骨机轰鸣的声音，如同一场盛大的交响乐，合奏出一个村庄的脱贫旋律。

8年奋斗，这个坐在轮椅上的姑娘让她的家乡改变了模样。她的故事，流传在美丽的山水间；她和乡亲们的奋斗，写进了开心的笑容里。

凤凰涅槃，杨淑亭重新“站”起来了，拥有更加璀璨夺目的美丽——既如玫瑰花般娇艳，更似仙人掌般坚强。

（◎吴晶 林鄂平 朱洁英）

勇做扶贫探路人——潘健章

“摆脱贫困，产业为先；脱贫攻坚，创新为要；为贫瘠的躯体造血赋能，为落后的身影给力加速。”这是2018年全国脱贫攻坚奖评委会致创新奖获得者的评语，也是获奖者潘健章引以为傲的褒奖。

为了回馈家乡、回馈社会，这个身家千万的广东鞋厂老板返乡当起村官；他响应东西部协作国家战略，远赴广西的国家级贫困县建起澳洲淡水龙虾养殖基地；他勇做扶贫开发先锋，闯出一条实现党建引领、能人培训、产业培育、消费直通多方共赢的新路。

他一直想找机会回馈家乡、回馈社会，渴望能有机会、有平台为贫困群众出些力、做点事

2010年，36岁的潘健章得偿所愿，当选为广东省南海市九江镇河清社区第四党支部书记。

十里八村的人都纳闷：搁着红火的鞋厂不管，放着好好的清福不享，他这是图个啥呢？

潘健章在九江镇很出名。小镇自古以来就是鱼米之乡，改革开放后，凭借优越的地理位置，商贸发展突飞猛进。1995年，年仅21岁的潘健章凭借敏锐的商业头脑，抓住了人生的黄金机遇。

那时，有个朋友在镇上开鞋厂，一个股东离开后，潘健章看准机会，接替了他的位置，走上了创业之路。经过艰苦奋斗，公司越做越红火，从一个小作坊发展成为纳税大户。

生活越来越富裕、闲适，每年潘健章都会陪伴家人，去喜欢的地方度假。漫步海边或徜徉山间，他常会想起家乡的风土人情，挂念镇上的父老乡亲。

“我的生活已经很好了，可是还有很多人过得不富裕。”潘健章一直想找机会回馈家乡、回馈社会，渴望能有机会、有平台为贫困群众出些力、做点事。

现在，机会来了！潘健章毫不犹豫地返乡，当选村官。

他要把过去经商积累的经验与智慧应用到扶贫领域，尽快带着乡亲们脱贫奔小康。

2012年11月，北京。和一群人的相遇，让潘健章灵感迸发。

中国人民大学明德主楼930教室，坐满了一群特殊的学生。来自全国26个省市自治区基层农村的53名村官，参加了为期4天的“首届中国村官研究生课程研修班”。

在4天的学习交流中，他们谈的不是经典名著，而是脱贫实践；学的不是深奥理论，而是致富良策。

潘健章和一名叫李振生的同学一见如故、相谈甚欢。2000年，拥有亿万身家的李振生返乡担任福建省南安市梅山镇蓉中村村党支部书记。十余年时间，他将一个不靠山不靠海、面积仅1平方公里、原本负债累累的村子打造成全国农村精神文明建设联系点和社会主义新农村建设的示范样本。

蓉中村成功脱贫后，李振生又带领15人志愿者团队赶赴甘肃，结对帮扶当地贫困村，探索出独具特色的“1+11”扶贫模式，获得国务院扶贫办的认可与支持。

“1+11”扶贫模式，是指让参训学员在蓉中培训基地集中学习一个月，打开创业思路，提高致富技能，再用11个月的时间对学员回村创业进行全方位的跟踪、帮扶和指导，确保参训学员的创业计划一年落地、两年发展、三年成功。

一个村子不仅自己脱贫，还带动其他地方的村子脱贫？一个村子没有得天独厚的优势，却能成为国家级脱贫攻坚培训基地？

潘健章被蓉中村的成功深深吸引，也对李振生的能力敬佩不已。

一个人带动一个产业，一群人拉动一个村子，李振生提出的培育创业致富带头人的思路，更让潘健章看到了无限广阔的拓展空间和影响深远的辐射意义。

可是，地域有差别，优势各不同，九江镇如何因地制宜、创新改造？潘健章回乡后，一直在反复思考。

九江镇地处改革开放前沿地带，经济发达，是久负盛名的“中国淡水鱼苗之乡”，也是传统淡水鱼养殖基地和鱼苗孵化基地。

全镇有鱼塘3.2亩，拥有孵化种苗场100多家，鱼苗年产量超过

1220亿尾，渔业产值超过9亿元，已经走向成熟产业化，集鱼苗孵化、种苗培养、饲料研发、成鱼打包、物流销售和渔具批发于一体。

九江的淡水养殖业在全国领先，能不能把家乡的养殖模式向外推广？潘健章突然有了一个大胆设想：先把家乡先进的养鱼经验通过培养致富带头人的方式推广到贫困地区，再通过产业扶植，将他们纳入到广东先进的渔业产业链当中。

这样一去一回，九江的经验输出了，贫困地区的产品也流通了。潘健章为这个设想激动不已，马不停蹄四处筹措。

2015年9月，经国务院扶贫办批准，粤桂两省（区）贫困村创业致富带头人培训基地在南海区九江镇河清社区成立，潘健章出任基地首任主任。

从此，他把已经上了轨道的鞋企交给团队管理，自己全身心投入创业致富带头人培训试点项目。

养淡水龙虾的成活率能有60%就不错了，但是在上林有高达73%的成活率

在东西部扶贫协作中，广东对口帮扶广西33个贫困县，上林县是其中之一。

上林县位于广西南宁市东北部，地处大明山东路，清水河宛如一首古曲缓缓穿过这片风景秀丽的土地，这里绿水青山、气候宜人，尤其是水资源丰富且水质优良。但上林县地处山区，交通闭塞，经济发展落后，全县131个行政村中就有65个贫困村，是国家级扶贫开发工作重点县之一。

在对50多个贫困村实地调研后，潘健章断定上林县具有发展水产养殖尤其是高值渔养殖的巨大潜力和广阔前景。

一方有资金、有技术、有品牌、有市场，一方有优质水资源、有低成本劳动力——在重点分析九江镇和上林县的各自优势后，潘健章越发肯定了两地合作的战略方向。

2014年年底，伴随着南广高铁的全县开通运营，粤贵黔高铁经济带逐步形成，广东、广西之间的产业、资金、技术、人才的流通更加便捷高效，阻碍上林发展的交通问题迎刃而解。

瞄准时机，潘健章决定将上林县作为首个试点，率先开展培育水产养殖产业和培育一批创业致富带头人的“双培”方案。

可是，潘健章并不懂养鱼。作为水产养殖产业的门外汉，潘健章一没有技术，二没有渠道。

不怕。潘健章凭着开拓鞋厂时的那股子闯劲儿，一路找到佛山水产养殖行业的龙头企业，说服他们参与合作。

“兄弟，这个上林县距离咱们佛山有800公里，到这么远的地方投资水产业，能行吗？

很多人听了，都摇摇头。舍近求远的买卖，可不好做。

佛山、中山、惠州、肇庆……几个月过去，潘健章几乎跑遍了周边所有的大型水产企业。

四五十家谈下来，不是一口谢绝，就是犹犹豫豫。

潘健章不死心，他一趟趟地跑，一遍遍地解释，一次次地争取，几乎踏破了门槛，磨烂了嘴皮。

比起项目的好坏，企业更担心的是风险。有的人提出，合作的前提是潘健章的投资要占大头，这样他们还有可进可退的余地。

潘健章二话不说就答应了。他坚信，只要坚持不懈，就一定能把事情做成功。

最终，4家水产企业被他说服了，决定在上林推广养殖目前世界上最名贵的经济虾种之一——澳洲淡水龙虾。这个品种经广东省引进试养，取得成功，市场需求量很大。

合作刚谈拢，麻烦又来了！

村民得知征地要开挖鱼塘，纷纷阻挠："我们家家户户都有牛，把地挖了，要是哪天老板跑路不干了，我们连放牛的地方都没有了。"

潘健章又使出磨嘴皮的功夫。他拉上当地的村支书，挨家挨户介绍龙虾项目。

"兄弟，你看啊，咱们这块地建了鱼塘，要是把这龙虾养成了，一年的收入就能翻几番，比种花生种玉米好多啦。"

拉一条板凳，掏一掏心窝，潘健章每走进一户村民家，就为他们算一笔经济账。他还向大家伙儿保证，不管赚不赚，绝对不跑路。

村民将信将疑，却又被潘健章的执着热情打动，最终全部同意了项目用地，但谁也不愿意挑头儿来干。

总得有人蹚路，潘健章撸起袖子，自己上！

他先流转出一片土地，投资1500万元建成示范基地，又请来广东最好的养殖人员进行管理，亲自上手学习龙虾养殖。

一年的功夫，潘健章日夜守着鱼塘，盼着虾苗长大。他一心想着，只要养殖成功，赚到钱了，大家伙儿就有积极性了。

然而，意想不到的事情发生了。天气变化加上土壤板结，一个鱼塘的虾都死了，1500多万的投资全部打了水漂。

颗粒无收，潘健章遭遇了经商以来的第一次重创。

股东的压力、村民的质疑，一股脑地压了过来，如同一盆寒冬中的冷水，浇得人凉彻骨。

夜深人静，潘健章睡不着，又一次跑到鱼塘边，反思这次失败的教训。

钱还可以赚，可是村民们的信心不能丢！想着自己大老远跑来这里的初衷，想着村民被他说服时眼里的期盼，他的心又一次坚定了。

路都是人走出来的！路再难，也要有人打头走，再远，也要坚持走下去！

没过几天，村民们发现，虽然龙虾没养活，这个老板没跑路。他依旧如常，带着管理人员出现在鱼塘边。

好消息终于传来：养淡水龙虾的成活率能有60%就不错了，但是在上林有高达73%的成活率！

潘健章的鱼塘成了！村民们也开始跃跃欲试。

趁热打铁，潘健章迅速牵头成立广西澳益农业发展有限公司，创建了上林县首个澳洲龙虾高值渔养殖示范孵化基地。基地面积很快就扩展到1000亩，不仅吸纳了40多户贫困户长期务工，人均收入每年增加3至4万元，还带动了100户建档立卡贫困户入股，每户年度分红5000元以上。

2019年5月20日，上林县的贫困户都领取到了公司承诺的保底分红。

接过5000元的分红，贫困户韦汉平笑开了花。除去分红，她每个月在基地打工20天，一天有100元的劳务费用，家里的生活比起以往改善很多。

龙虾真的能赚钱！学员们纷纷开始进行养殖，很多贫困户自愿把政府给他们的小额贷款投入到养殖基地。

如今，示范基地在上林孵化了超过20个淡水养殖合作社，大力发展菜虾套养、鱼菜共生，养殖总面积达到了3000亩。在基地带动下，除了淡水养殖外，上林还涌现出养猪、养鸡、种植等扶贫产业，充分带动贫困户融入产业化链条，促进长期稳定增收。

“创业致富带头人培育跟着产业培育走”，就是要搬开拦路石，打通一条路，再帮他们“扶上马、走一程”

2016年3月，创业致富带头人培训班首期开班，上林县筛选了97名学员到广东进行培训。

培训按照潘健章的思路，“创业致富带头人培育跟着产业培育走”，学员先到南海参观学习一个月，返乡后基地再跟踪服务一年。

一开始，学员们的积极性不是很高，苏达谋就是其中之一。

“学一个月就能创业了？哪有这么简单。”苏达谋在心里质疑并调侃了一番：“就当是出省旅游一趟。”

培训基地采取“扶智”与“扶志”相结合的方式，安排创业导师上课，带他们到佛山的龙头企业参观实训，既让他们了解水产养殖的行业现状和发展前景，也让他们看到投资企业的实力，同时宣讲党的扶贫政策。

为消除学员的后顾之忧，潘健章还承诺统一提供种苗、统一免费培训和技术服务、统一标准化生产管理，以及保价收购、保险分担的机制。

培训结束后，苏达谋天天到潘健章的基地转悠，也不说话。

潘健章问他：“学都学了，怎么不干啊？”

他挠挠头，笑着说：“潘总，其实我想干，但是不敢干。”

潘健章说：“没事儿，你可以天天来看，三个月后，你再给我答复。”

苏达谋还真是一天没落地去看。三个月后，他来找潘健章：“潘总，我决定了，干！但是我手头资金不足，又缺技术。”

潘健章当场向他承诺“三无两保”：无偿提供种苗、无偿提供培训、无偿提供技术、保价收购、保险分担。

在潘健章的“培育”模式下，苏达谋感到自己就像一个蹒跚学步的婴儿，每一步都有潘健章在前指引，遇到坑洼师父会扶，遇到难题师父会讲，心浮气躁师父还会批评……

从规划设计、协调土地流转，到联系金融机构贷款，协调落实政策性奖补，一条龙的创业帮扶让苏达谋的生态种养合作社很快步入了正轨，形成一条集种植养殖、有机肥生产、生态农业观光于一体的生态产业链。

2019年，合作社销售额达800多万元，吸纳贫困户71户285人，发放分红17.91万元。苏达谋成了当地有名的致富带贫能手。

另一名学员韦忠勇身有残疾，村里推荐他去参训，他有些抵触。潘健章拍拍他，鼓励道：“谁说残疾人就不能创业。人家看不起你，你更要做好给他们看看。”

现在，韦忠勇已创办了两个养殖合作社，去年营收近130万元，纯利达33万元，不仅自家脱贫，还带领周围十多户贫困户增收脱贫。

“身体残疾了，但心不能残。我要挺起胸膛，干一番事业。”信心大增的韦忠勇成了当地残疾人创业的先进典型。

学了以后干什么、怎么干？是大多数参训者的困惑。潘健章和大家聊得越多，越感到培训模式创新的必要。

“创业致富带头人培育跟着产业培育走”，就是要搬开拦路石，打通一条路，再帮他们“扶上马、走一程”。

范红是一名90后大学毕业生。这位年轻人干劲十足，思想也十分活跃。他不想留在大城市工作，打算回乡创业。

参加了致富带头人培训班后，他对澳洲淡水龙虾的养殖非常感兴趣，积极学习养殖的各种知识。

回到村里，范红马上着手选址规划，邀请导师前去指导，帮助他与政府进行协调工作。一番努力后，范红改造了村里100亩水面，开展淡水龙虾的养殖。

潘健章得知后，不仅从各方面对他给予支持，还和他探讨，如何进行产业的延伸。

村民路过鱼塘，常常看见范红举着手机，眉飞色舞地通过电话和导师汇报着、讨论着。

如今，范红在龙虾养殖鱼塘周边种植荷花、优化环境，打造了集养殖与休闲于一体的农家乐项目，带动了周边61户贫困户稳定增收脱贫。

以苏达谋、韦忠勇、范红为代表，上林县涌现出了300多位创业致富带头人，其中，有200多名学员创办公司、专业合作社、家庭农场等各类经营主体173个，建成了西燕镇岜独村蛋鸡养殖基地、三里镇云姚村扶贫产业综合示范园、澄泰乡达谋生态种养合作社等一批扶贫产业示范基地，带动全县6000多户贫困户参与特色产业项目，其中有5000多户实现增收脱贫。

能干的人都是党员，带头的人都是党员，老百姓对党组织更加拥护，村庄的发展也会更快

特色产业发展起来了，致富带头人队伍也培养起来了，但潘健章觉得这些还不够。

通过到一些地方的走访，潘健章深刻意识到党员干部在扶贫工作中的带动作用，他想在上林县打造一支“带不走的扶贫工作队”。

上林县成立了首个扶贫产业协会党委，下辖10个合作社党支部。

每期致富带头人培训班也会成立临时党支部，旨在培养和发现一批党员致富能手。

上林县西燕镇岜独村村民卢英光在参加培训时，实地参观了佛山的罗南村。这个村在党员干部的带领下集体经济人均分红达6万多元，让他深受启发。

回村后，卢英光带领村干部说服群众，将全村353户（其中贫困户158户）的1200亩土地统一经营管理，号召村委创办生态果园种植股份合作社，发展四季蜜芒。紧接着，又发展蛋鸡、山水牛等特色产业。

去年，岜独村集体经济收益达38.4万元，整村实现脱贫。2017年村“两委”换届，卢英光当选村党支部书记。

经济富裕了，思想上更要要求进步。如雨后春笋，上林县有35名致富带头人光荣入党，32名致富带头人被选为村“两委”干部，6名优秀创业致富带头人担任贫困村党支部书记。

从上林县的脱贫实践中，潘健章找到了精神文明建设的抓手，也看到了先进理念引领的价值。

他一方面在上林县贫困村率先试点探索成立“自立发展扶贫协会”、贫困户“自立发展账户”，调动贫困人口凭借劳动致富的内生动力；一方面推动建立起“两广”扶贫特色产业商会，组织广东20多家知名农业企业家与上林县合作，打造扶贫产业东西协作对接平台，让更先进的思想理念借着合作的东风传遍贫瘠土地。

经过两年多的不断摸索，上林县取得了扎实的脱贫效果，贫困发生率降至12.21%，高值渔业、山水牛、生态农旅等扶贫产业遍地开花。

潘健章终于把当初的设想变成了现实，也从实战中浓缩出理论。

创业致富带头人培训试点项目被国务院扶贫办树立为全国典型，形成了可复制推广的“上林模式”。

如今，除了广西区内的33个县，培训项目也扩展到贵州一些地方。在南海九江的培训基地，学员除了来自广西上林，还有广东湛江、云浮、韶关，广西百色、河池、贺州，四川凉山以及贵州毕节等地。

面对一个个求知若渴的学员，潘健章用“双培、双带、双促”解读他的创新帮扶模式——“双培”，即培育贫困村创业致富带头人、培育贫困地区扶贫产业；“双带”，即带领贫困村集体增长，带领贫困户脱贫；“双促”，则是指促进贫困村人才回流、促进贫困村党建。

“党建领路至关重要。”潘健章说，能干的人都是党员，带头的人都是党员，老百姓对党组织更加拥护，村庄的发展也会更快。

我是一个商人，赚钱固然重要，但在自己赚钱的同时，能让更多的人跟着我一块儿赚钱，也是一件很幸福的事

2019年5月20日，南海九江的创业致富带头人培训基地迎来一位特殊的访客，名叫陈开枝。

已近八十高龄的陈开枝曾经上百次帮扶贫困山区，是全国著名的扶贫状元，现任中国扶贫基金会的副会长。了解潘健章创设的扶贫模式后，陈开枝对此大加赞赏，经常来基地指导。

“潘健章在农村长大，对农村的实际很了解，思维比较宽广，肯脚踏实地苦干，爱学习，又能够很好地理解中央这些扶贫的政策。”陈开枝的评价，让潘健章倍感鼓舞。

跑企业，走农户，和各个部门沟通联系……3年多来，潘健章每天起早贪黑，忙东忙西，比起以前做鞋厂，不知道辛苦多少倍。

起初，他的家人不甚理解：以前的生活蛮好，搞了扶贫这么忙，还要自己贴钱，有什么意义？

潘健章劝服他们："我是一个商人，赚钱固然重要，但在自己赚钱的同时，能让更多的人跟着我一块儿赚钱，也是一件很幸福的事。"

2018年，潘健章与佛山市中南农产品交易中心达成协议，共建一个三万多平米的扶贫产品的批发市场——消费扶贫产业双创中心。

根据规划，交易中心主营农产品批发，基地培训出来的创业致富带头人可以免费进驻，市民可以选购食材。这样一来，贫困地区的产品销售有了渠道，市民的放心产品保障供应，交易中心的利润收入指日可期，培育、消费、经营有机结合，实现了多方共赢。

2019年5月，潘健章又一次来到广西，一方面对曾经参加过创业致富带头人培训班的学员进行回访，另一方面也为即将开业的双创中心做推广宣传。

一位名叫周隆鹏的学员是广西凤山当地人，曾经在广东惠州搞养殖，在当地政府的号召下，他返乡创业，带动村民养猪养鸡。

"猪养得越好，鸡养得越多，我这心里越紧张，就怕卖不出去，让乡亲们赔了钱。"面对自己敬佩的老师，周隆鹏和盘托出心中的顾虑。

"我们这里有销路，你们不用担心那么多，只要专心把猪养好就行！"潘健章就像培训授课时一样，把双创中心的情况一五一十地讲解。

一番谈话后，周隆鹏有了底气，他回乡后继续发力，在很短时间内就把家乡的养殖产业带上了新台阶。

广西环江县洛阳镇的覃玉妹带领贫困户承包了附近一千多亩山地种植果树。这里早晚温差大，好山好水，果树用的是农家肥，种出来的果实品质非常好，但是因为地处闭塞山区，她也担心水果没有销路，烂在树上。

类似的人还有很多，潘健章能够当面解答的都一一接待。他还跑到一些地方，把大家召集起来，当面授课。

一次次案例分析，解开了一个个致富路上的难题；一次次经验传授，加速了一个个无名村庄的振兴。

截至目前，粤桂两省（区）贫困村创业致富带头人（九江河清）培训基地已为广东、广西两省（区）培育了9期共816名学员。“上林模式”这个带着南海特色印记的扶贫品牌项目，正在为越来越多地区的贫困村带来新的希望。

2018年10月17日是全国第5个扶贫日，凭借“两培两带两促”的扶贫思路，潘健章荣获全国脱贫攻坚奖创新奖，上林县也获颁组织创新奖。

荣誉和光彩的背后是不为人知的辛苦。

4年间，潘健章频繁往返于佛山和上林两地，高铁里程达数万公里，最忙的时候，只能两个星期回一次家。

虽与家人聚少离多，但他却与上林的山山水水、父老乡亲结下了深厚的情谊。上林镇的村民对他的态度从一开始的怀疑、警惕，渐渐变成了信任和感激。

现在村里谁家有喜事，潘健章一定在被邀请名单中。每当这时，潘健章便感到格外开心：“被人认可、受人信赖，证明我自己是有价值的人。”

2019年10月1日，在庆祝中华人民共和国成立70周年大会上，潘健章受邀登上“脱贫攻坚”方阵的彩车参加群众游行，心中久久不能平静。

4年前，他满怀激情地前往上林县，下定决心要带领当地群众撸起袖子加油干，把上林的绿水青山变成金山银山。

如今，上林已是脱贫致富的示范榜样，正在努力成为创新发展的探路先锋。

对于勇敢的开拓者，曾经的辉煌不会让他满足，远方的道路正等待新的出发。

“下一步，我们计划借力佛山强大的产业基础、市场优势，扩大帮扶区域，为湖南、江西、海南、湖北等地的贫困地区提供帮助，为打赢脱贫攻坚战贡献更大力量。”潘健章说。

（◎吴晶 林鄂平 朱洁英）

敢教穷人变富人——李振生

闽东宁德大山深处，有一个叫作下党乡的地方让习近平总书记始终牵挂。

2019年8月4日，一个消息让这个小山村沸腾了：习近平总书记给大家回信啦!

就在不久前，受乡亲们委托，下党乡6位党员干部群众给习近平总书记写信，汇报下党脱贫的喜讯。总书记看了乡亲们的信后，回信祝贺他们实现了脱贫，并鼓励他们发扬滴水穿石精神，走好乡村振兴之路。

习近平总书记在信中写道：

寿宁县下党乡的乡亲们：

你们好！

来信收悉。得知下党实现了脱贫，乡亲们的日子越过越红火，我非常高兴。向大家致以衷心的祝贺！

“车岭车上天，九岭爬九年”。当年“三进下党”的场景，我至今还历历在目。经过30年的不懈奋斗，下党天堑变通途、旧貌换新颜，乡亲们有了越来越多的幸福感、获得感，这生动印证了弱鸟先飞、滴水穿石的道理。

希望乡亲们继续发扬滴水穿石的精神，坚定信心、埋头苦干、久久为功，持续巩固脱贫成果，积极建设美好家园，努力走出一条具有闽东特色的乡村振兴之路。

喝水不忘挖井人，致富感恩引路人。几天后，下党村党支部书记王明祖和6位党员干部带着总书记的回信，赶到下党村的帮扶共建村——南安市梅山镇蓉中村，向这里的父老乡亲们报喜、道谢。

反复读着这封信，蓉中村党委书记李振生笑了，他笑得爽朗，更笑得自豪。习近平总书记的回信，道出了他的心声：看着蓉中村帮扶的村庄硕果累累，看着那里的老百姓有了幸福感、获得感，这一辈子没白干，值了！

面对大企业抛出的“橄榄枝”，他选择了家乡的“枯树枝”

李振生所在的蓉中村位于福建省东南方向，不靠山、不靠海，没有矿产资源，土地面积不到1平方公里，人均不到2分地，堪称“巴掌大”的村庄。

可是，就是这么一个不起眼的地方，不仅自身摆脱了贫困，还带动甘肃的两个贫困村、总书记长期牵挂的下党村走上脱贫致富的大道。

走进蓉中村，你会惊讶地发现：这里的村民不种庄稼，却开办小微企业。家家都有小作坊，人人都会技术活。然而，蓉中村曾与其他的贫困村一样，在少得可怜的土地上，耕种着难以维持生存的口粮。村民们眼巴巴守着贫瘠的土地，看不到一点儿出路。

幸好，李振生回来了！

李振生是土生土长的梅山人。1954年，他出生在一个穷苦的农民家庭，从记事的时候起，捡柴、拾猪粪、卖冰棍、挑沙石，什么苦活都干过。

少年时代，他外出谋生，当过工人、采购员，生活窘迫的时候，还睡过马路、树丛。

一个人在外打拼的艰辛让李振生终生难忘。他渴望知识，立志有一天要改变家乡贫穷落后的面貌。经过十几年的磨炼，1976年，李振生决定回乡创业。

东拼西凑的一千元，是破釜沉舟的开始。李振生创办了一家石油化工厂，终日奔波在销售一线。

那时，南安的物流业并不发达，通信也相对落后，再加上人手紧张，石油化工厂的效益增长缓慢。但李振生始终相信有志者事竟成，用了整整10年时间，打造了福建莱克石化有限公司。

公司开发的多种石油产品销路渐渐打开，逐步成为国内第一家研发出合成制动液的公司，产品质量也达到国际先进水平。1990年，莱克制动液一举打败国际进口刹车油，被南京汽车制造厂指定为汽车专用油。之后几年，李振生在全国建立了销售网络，把合作网络拓展到了海外。

虽然莱克石化业绩每年都有增长，但由于长期服务本地，营业额一直难有大突破，企业的发展规模也明显受限。随着竞争对手的增多及客户对物流需求的增加，李振生发现莱克地处偏远的乡镇，并没有太大的竞争优势，于是开始选择高端油品，并与国际市场接轨。

2000年，李振生的机会来了，不少海内外大企业邀请莱克石化到大城市投资发展。可是，李振生却做出了一个不同寻常的选择——回乡。

他是从穷苦角落迸发出来的小草，他懂得被贫穷深深扼住喉咙的滋味。一个人在外打拼的那些岁月，他不止一次地对自己说："总有一天，我要改变家乡的面貌，我要帮更多的家乡人改变命运。"

现在，实现这个心愿的希望越来越大了。面对大企业抛出的"橄榄枝"，他选择了家乡的"枯树枝"，并决心让这"枯树枝"枝繁叶茂、荫庇后人。

回乡第一件事，李振生主动请缨，担任村书记。村里人多地少、资源有限，村集体负债二三十万元，几乎找不到任何天然优势。

如果领乡亲们摆脱贫困？李振生审时度势、当机立断，提出"工业兴村"的全新战略。撸起袖子、日以继夜，全村上下齐心协力，迅速建立起一片占地近70亩的蓉中村工业园区。

园区建起来了，李振生一边带领村干部奔走于马来西亚和广东等地洽谈合作，一边发动乡贤回乡创业。村里陆续创立的蓉中电气设备有限公司、蓉中仁发幼童用品有限公司将每年纯利润的10%捐赠作为村财。莱克石化公司的生产带动塑料、彩印等一批小企业建立发展，不仅为村民创造了更多的就业岗位，而且形成村内互为补充的经济生态圈。

2013年，南安市在全市范围进行筛选，把蓉中村作为开展农村金融综合服务改革的试点村。有的村民不明白，啥叫金融改革？这么大的学问，对村里人有啥用？

很快，南安农商银行的工作人员驻村了，为想要创业或扩大生产规模的农户提供担保。担保金1000万元！蓉中村的村民有福了！

福建省文化厅、福建省电力有限公司……一家家企业单位陆续来到了蓉中村。李振生先行先试，与29家单位探索资源信息共享，技术市场互通，经济发展互帮，创先争优互学。

因地制宜、独辟蹊径，蓉中村的集体经济在李振生的改革求变中迅速壮大，形成了以石油化工、家私制造、针织制衣等18家企业的产业链，村内小微企业更是星罗棋布，为村里60%的村民解决了就业问题。

巴掌大的村里，竟有幼儿园、小学、成人教育、老年大学等十多所学校

经济发展起来了，村民手里有钱了，赌博等现象开始冒头。为了遏制这些不良风气，李振生大刀阔斧搞起乡村文化建设。

李振生自己吃过读不起书的苦，他决定先从教育抓起。蓉中村把每年9月28日定为蓉中村的“终身教育学习日”，设立了专项教育基金会，先后筹资300多万元投入教育。

在这个“巴掌”大的村里，竟有幼儿园、小学、成人教育、老年大学等十多所学校。

很多初次来到这里的人不仅惊讶于村中林立的学校，更惊叹于学校放学后的情景：家长接孩子放学不是到学校门口等，而是聚集在村图书馆少儿阅览室门前。

原来，这里的孩子们一放学就跑到图书馆看书去了。图书馆有三层楼，建筑面积3048平方米，是全省9个国家一级公众图书馆之一，也是唯一建在农村的“国家一级”。

这个“国家一级”可不是吹牛。蓉中村图书馆藏书11万余册，订有200多种杂志和30多种报纸，本村和附近村民6000多人办证，年接待读者17万多人次，流动书刊15多万册次。

除了小朋友，技术工、企业家、农户等也经常到图书馆查阅资料。对蓉中村的村民来说，阅读渐渐成为一种生活方式，“家家户户进课堂”成了村中一道独特的风景线。

在赴外调研学习的过程中，李振生摸出一条规律：铸就乡风文明“既要富口袋，又要富脑袋”。一个地方只有实现了“富脑”工程，发展才有可持续性。

为此，李振生费尽心思，通过自己献一点、村集体出一点、号召乡贤帮一点、争取上级补助一点的模式，筹资1500万元进行蓉中文化基础设施建设，目前全村已形成“一屋、两馆、三中心、四广场、十走廊”和绵延一公里长的蓉中文化圈。

针对一些不良思想和陈规陋习，李振生要求村民组织开展各种形式的道德教育、实践和评议活动，举办道德讲坛活动，加强对村民的传统道德、家庭美德、文明礼仪教育；村民农闲时间缺乏娱乐，李振生发动大家组建村工会威风锣鼓队、村妇联女子腰鼓队、村团委管弦乐队、村老人协会南音队等文体队伍；他还大力倡导尊老爱幼、扶贫帮困的传统美德，组织蓉中村少年参加传统道德宣传教育宣传互动，邀请辖区内各中小学校长参与，通过村校互动，提升蓉中后备生力军的道德水平。

文化活跃了，经济也获益。通过与中国东方演艺集团合作，蓉中村连续举办5届福建首个“乡村文化节”，同时开展村18家企业的订货会，吸引外来游客上千人，每年为企业增加超过3000万元产品订单，实现文化、经济共同搭台、共同唱戏。

只有扎根家乡土地，小苗才能大树参天。只有走进百姓心中，乡村才能振兴繁荣。

为了让乡亲们老有所养、住有所居、病有所医、学有所教，李振生每天的日程都排得满满当当。

他牵线搭桥，与泉州市光前医院共建，完善村级卫生室建设，每年为年满50周岁的老人免费体检，帮助村民解决看病难的问题；他组织成立为民服务中心，为遇到灾情、险情、突发事件、被盗抢、急病的村民提供免费上门服务；他设计开通蓉中村联防队110服务热线，成立了全天候有线视频监控警务室，在全村交通要道安装“电子眼”设备，组建一支24小时巡逻队；他还充分调动村工会、村妇联、村团委、村老年协会、村红白理事会和志愿者协会等群团组织，完善村级群众团体和自治组织的职能，筑牢化解社会矛盾，促进社会和谐的“第一道防线”。

迄今为止，全村已连续7年实现三个“零案发”（零刑事案件、零越级上访案件、零封建迷信活动案件）和三个“百分百”（村民对民主法制的满意率达到100%，对社区治安满意率达到100%，村民事纠纷调解处理成功率达到100%）。

如今的蓉中村，村容整洁秀丽，蜿蜒水泥路代替了泥泞的古道，破旧的石头屋变成了别墅幢幢，10多座厂房依山傍水，休闲公园清幽宁静。

蓉中村先后荣获全国创先争优先进基层党组织、全国文明村、全国民主法治示范村、全国扶贫先进单位、中央级文艺院团联系群众基地、中央文明办全国农村精神文明建设村级联系点和国务院扶贫办贫困村创业致富带头人培训基地。

村民人人享有全额医保，生病了不怕看不起医生；家庭困难的中小学生可以领取补助，一个都不落下；年满60周岁的老人每年都可领取老年慰问金……“海西社会主义新农村建设示范村”声名远播，各地观摩学习者络绎不绝。

每当看到乡亲们的笑脸，听着孩子们的读书声，李振生的心就会异常满足。

友好共建不只是给钱、给物，关键是要形成一套造血机制

2012年2月的一个上午，甘肃一个省领导接待了一位突然来访的特殊客人，这位客人一见面就开门见山：“听闻甘肃省正在进行一场‘联村联户、为民富民’的大行动，我们东部能富起来，离不开西部多年的支持。作为一名党员，我有责任、有义务帮助西部发展。”

这位特殊的客人就是李振生，他带着一支由10余名蓉中村党委成员、企业家、退休公务员组成的扶贫志愿者团队来到甘肃，主动请缨实施对口帮扶。

蓉中村是从贫困的泥泞中一步步走出来的，他们比任何地方都更能体会到落后地区的苦，也更能懂得贫困百姓的急。

蓉中村富裕了，李振生欣慰之余却有了更多想法：国家还没有消除大面积的贫困，如果我们这些人不贡献基层实践的经验智慧，脱贫攻坚就可能走弯路、绕远路，国家需要我们有钱出钱、有力出力，先富带动后富。

蓉中村不靠山、不靠海，没有资源，能教给别人什么？李振生最终得出了一个让他无比自信的结论——创业致富的精神！

2012年5月13日，蓉中村与甘肃省武山县北顺村正式签约为友好共建村，李振生从此踏上了奔波两地的辛劳旅程。

按照协定，蓉中村首先为北顺村捐资50万元，用于硬化村子的产业园区道路，捐资助学，帮扶特困学子。可是李振生却认为，友好共建不只是给钱、给物，关键是要形成一套造血机制。

短短一个月，李振生两次带人深入北顺村调研，与村民座谈。透过村民将信将疑的眼神，李振生发现，北顺村有山、有水、有地，缺的是思路、理念和干劲。

东部与西部的差距，关键在脑袋！要脱贫致富，北顺村首先要换脑，要和闽南人一样树立“爱拼敢赢”的精神，改变“等、靠、要”的思想。

换脑？谈何容易！

李振生在北顺村一蹲就是小半年，开展了一场自上而下的改变观念“运动”。他把村上的领导干部和一些带头人送到蓉中村实地观摩，又自掏腰包，把北顺村打工青年请回来送到蓉中村参加培训，并给每人发放1000元的务工补贴和一台手提电脑，引导他们创业。

为了培养村民们的市场意识，他还在北顺村创建了蓉顺投资发展有限公司，鼓励村民入股。

市场经济的春风第一次吹遍了这个村庄的犄角旮旯，“要创业，要发展”犹如一剂强心剂，注入了每个北顺村人的体内。

创业起步，难在无从下手。北顺村虽然已经初步走出了一条蔬菜产业化的路子，却因为水、路、电三不通难以拓展。

得知这一情况后，李振生一刻不等，先后投入50万元发展北顺村的水路电，并为村子修建了专门的蔬菜冷藏室，解决了北顺村多年来蔬菜产业发展的“瓶颈”。

北顺村有着发展蔬菜的先天优势，如何借助这个优势插上致富的翅膀？李振生借用蓉中村的经验，鼓励北顺村加大招商引资力度，引进金陵摩托车组装、LEG节能灯等若干项目。企业每年把经营利润按规定比例提成上交作为村财集体收入，待村财实力壮大后，再参与小型工业项目的投资入股，村民也可参与小型工业项目投资入股。

一年多过去，北顺村形成了农工商贸多业并举、小微企业合理布局的经济发展新模式，彻底改变过去单一的产业结构，也为今后的科学发展打下了坚实基础。

“脱贫致富，起步时可以靠外界‘输血’，但归根结底还是要靠自身‘造血’，靠发展来‘长肉’。”遵循李振生的思路，同样实现“换脑”的还有甘肃会宁县钟家岔村。

这个村子发展经济的主体被掏空，村民们大多指望依靠帮扶过日子。在蓉中村的带动帮扶下，钟家岔村2011年农民人均收入2300元，2015年达到11000元。

然而，刚刚闯荡市场小有斩获，钟家岔村就遇到了一次风险考验。2015年，甘肃羊价下跌三成，全村农户养羊遭遇危机。

李振生心急如焚，筹集120万元借给钟家岔村，并在福建省南安市注册福甘养羊专业合作社，当年完成15000多只羊的销售任务，钟家岔村农户从此坚定了养羊致富的信心。

如今，走在钟家岔村的街头巷口，望着赶羊归来的父老乡亲，李振生的心又踏实又暖和，虽然曾经相隔千里，这里的人们早已把他当成了父兄，这里的土地也渐渐成为了他的眷恋。

“师傅带徒弟”“母鸡带小鸡”，让一批批创业致富带头人开启贫困村自我发展的动力

蓉中村与甘肃两个村结对帮扶，取得了令人瞩目的成绩。李振生仍不满足，他向最偏僻的地方走，到最贫困的地方去。

山多路险，自称“泥腿子”的李振生从不嫌累怕苦。他始终相信，真正的扶贫需要面对面地去了解，知道他们需要的是什么，只有知道为什么扶贫，才知道要从哪里扶贫，才能解决刀刃上的问题，而不至于帮倒忙。

在走访了将近20个贫困村后，他发现了一个普遍问题——缺乏致富意识。

很多贫困村的人安于贫困、乐于贫困、不思进取、不愿拼搏、怕担风险；等政府扶贫照顾，靠救济坐享其成，要钱、要物、要政策，就是不要求“断奶”。而且，这些村子几乎都是“空壳村”——经济落后，缺乏劳动力，基层党组织的班子一般3—5人，村书记年龄偏大，文化水平偏低，无法带领村民脱贫致富奔小康。

他们缺乏技巧、缺乏方法、缺乏引导。意识到问题的症结后，2014年2月，李振生提出“1+11”创新培训模式，倡导在全国各地培育贫困村创业致富带头人。

这一模式得到国务院扶贫办刘永富主任的高度重视，经过考察、调研、论证，国务院扶贫办于2014年10月18日批准成立蓉中培训基地，同意采用“1+11”创新培训模式开展雨露计划闽甘、闽宁试点工作。

“1”就是让参训学员在蓉中培训基地集中学习一个月，解放思想，提高创业技能；“11”就是用11个月的时间对学员回村创业进行全方位的跟踪、帮扶和指导，确保参训学员一年时间内能够让创业计划落地，两年创业发展，三年创业成功。

“全方位”的跟踪、帮扶和指导，并非虚言。培训期间，基地聘请企业家进课堂，带学员进企业体验，导师与学员签约师徒结对，让参训学员树立创业信心。回乡创业期间，基地的扶贫创业导师团采用师傅带徒弟的办法，远程或实地指导学员破解创业中的各种难题。

李振生从组织建设、阵地建设、教学模式等方面入手，不断创新培训模式、拓宽培训领域，各期培训班根据需求，开设种植业、养殖业、小微企业、电子商务等培训课程，针对性强，取得了显著成效。

甘肃省定西市临洮县洮阳镇旭东村的村民杨宗寿曾是一名小老板。参加了创业致富带头人培训后，他返乡注册成立临洮县洮美养殖专业合作社，养了4000多只羊，建立了繁殖、育肥、屠宰、销售一条龙服务体系。

除了解决部分贫困农民的就业问题，他还为散养户提供技术、经验，并和农户签订优质羊寄养合同，把从国外高价进口的优质公羊借给农户繁育高价种羊，然后以每公斤高于市场价6元钱的价格收购农户的羊进行销售，提高贫困农民收入。

看到养羊产业的巨大空间，杨宗寿一鼓作气，创办临洮县洮珠饲料科技有限公司，收购农户闲置的玉米秆等草料，并根据配方制成饲料低价出售给贫困农户，极大提高了羊肉的质量和市场竞争力。

尝到创业的甜头，杨宗寿有了劲头，他又参加了蓉中培训基地的扶贫创业导师培训，回村后指导了临洮县34位创业致富带头人，当选为临洮县养殖协会会长。

从贫困村创业致富带头人到扶贫创业导师，一个个勤劳勇敢的贫困村奋斗者完成了“母鸡带小鸡，小鸡变成母鸡带小鸡”的蜕变。

马云（回族）是甘肃省临夏州积石山县小关乡吴家堡村人。1991年出生的他，16岁初中毕业后就外出打工。2011年，看到村里落后的路况，马云掏出打工积攒的钱，为村里改建了一条7公里长的村道。几年后，马云在蓉中村接受了为期一个月的培训后，又为村里带回创业致富的思路和经验。

他先后筹资720万元，创办积石山县龙川育苗养殖场，动员群众采取土地流转入股方式加入合作社发展育苗产业。如今，龙川育苗场已初具规模，培育油松、云杉、落叶松、速生柳等优良苗木2000多亩，培育各类苗木600多万株。

在发展育苗产业的同时，马云还带领乡亲们积极发展林下经济。他聘请育苗及养殖专家现场讲授技术，带领村民在育苗地中撒种了柴胡、党参、玛卡等中药材，提高山地单位面积综合效益。投资修建临夏州龙川特种生态养殖场，引进国外良种獭兔2000多只，山林散养火鸡、珍珠鸡等1000多只，给每户村民免费发放良种獭兔，实施家庭分散养殖，引导群众大力发展养殖业，拓宽了村民家庭综合收入的途径。

让大家的钱袋子鼓起来，还不是带头人的终极价值。在蓉中基地培训的点点滴滴，对马云产生了深远影响。看到小关乡147位五保老人中，有超过一半生活无法自理，马云又筹集500多万元，建成了占地6亩的敬老院，已接收40名五保老人免费入住。

滴水穿石，由量到质。蓉中村迄今共完成了6期培训工作，为闽、甘、宁37个贫困县培训694个创业致富带头人。经普查，694名学员已有351人成功创业，创业率达到50.6%。

“师傅带徒弟”“母鸡带小鸡”，这种贴近基层、因地制宜的模式，开启了贫困村自我发展的动力，也较为成功地破解了全国贫困村普遍存在的“空心村”“空壳村”“留守村”难题。

只要中国还有贫困村，扶贫的脚步就要继续向前

2009年，钟国旭当选为甘肃省武山县杨河乡刘强村村支书。在他的带领下，刘强村的村容村貌焕然一新，硬化的水泥路从县城通到了村子。然而，村子一直没有致富产业，钟国旭为此十分苦恼。

5年后，钟国旭来到蓉中村，参加创业致富带头人的培训。

高中毕业20年了，钟国旭没想到，这辈子还会重新回到课堂，还能听到大学教授的授课。近一个月的时间里，他和其他村民每天专心学习《休闲观光农业》《小微企业》《电子商务》等课程，认认真真地做笔记。

闲暇之余，他在这个“明星村”中走街串巷，不禁一次次感叹：一个人均耕地不到一分地的小村庄，一不靠山二不靠海，更没有矿产资源，一年产值却有十几亿元。

富可以洗穷者懒，穷可以洗富者心。在参与小微企业的实践中，在与企业家零距离互动时，钟国旭和其他学员受益匪浅，不仅体会到创业的酸甜苦辣，而且感悟到“思路决定出路，观念决定贫富”的深刻含义。

实地观摩、让贫富面对面，是蓉中村培训的重要主题。李振生认为，通过实地观摩，让贫困村的带头人从观念和思路上实现从被动脱贫到主动脱贫的转变，是扶贫工作的关键所在。

找对了办法、找准了抓手，星星之火定可燎原。蓉中村创业致富的精神，仿佛蒲公英的种子，顺风飞扬、远播四方，在贫瘠的土地上生根发芽，硕果满枝。

福建省寿宁县下党村是习近平总书记任宁德市委书记期间亲自挂点和长期牵挂的贫困村。2014年10月30日，按照福建省委组织部的部署，蓉中村与下党村签订帮扶共建协议。

李振生把下党村3个外出打工青年请到蓉中培训基地，采用“1+11”创新培训模式进行为期一个月的培训。同时指导参训学员返乡创办茶叶专业合作社，提出以茶兴村，走“一叶带百业”的致富之路。

茶叶市场庞大，但竞争也很激烈。经过反复论证，李振生为下党村制定了“不卖茶叶卖茶园”的消费扶贫战略，面向全国招募爱心茶园主定制茶园。

定制茶园每年一亩价格2万元，公司精选春、秋两季上好茶青，制成100斤生态高山红茶或者绿茶，分春秋两季寄给爱心茶园主，由此实现茶园主与茶农直接对接，共享发展成果。

经过多年努力，下党村茶产业逐步走上轨道，村茶叶品牌“下乡的味道”越来越响。村民人均年收入从2014年的5600多元增长到2018年的13000多元，农民每户每年增加3000元收入，村集体每年增加20万元收入。

“现在有了超市、农民专业合作社，小工厂都建起来了，村民的消费水平不断提高，精神状态也不一样了。”看见昔日贫困村的日子起了变化，李振生感到自己的努力得到了最好回报。“这比办企业赚钱更让我感到快乐”。

从1976年东拼西凑的一千元起步，打拼到几亿元的身家，李振生花了几十年。年过花甲，本可以颐养天年，他却仍然走南闯北，干劲十足。

从自己富起来到带动多数人富起来，是他一生的梦想，他愿意为这个梦想奉献自己的余生。

当选全国人大代表后，李振生所有的聚焦都是扶贫。

2017年3月，全国两会，他带去了关于“加快培训贫困地区经济能人”“加快全国乡村集体经济发展”“加快拓展旅游扶贫”“加强社会诚信建设”“加强银行扶持乡村小微企业发展力度”“建立社会扶贫评定机制和奖励机制”“精心培育高素质村‘两委’班子成员”“推进以德兴村大力弘扬中华传统美德”“要求国务院出台有利于国有企业和民营企业公平竞争”等九条建议，引起了有关部门的高度关注。

李振生的扶贫战略一方面是“能人战略”：“精心培训贫困地区经济能人，通过他们的‘传帮带’，带领更多的贫困村民致富。”另一方面是以社会帮扶模式带动基层扶贫工作，倡导和引领东部更多先进单位、个人帮扶、指导、带动西部贫困村，通过结对共建，在信息、资源、技术、资金、市场等方面给予贫困村更多帮助支持，在思想理念、思维方式、思想方法等方面给予贫困村更多的指导和帮扶。

从“重视发展村级集体经济，不断壮大村级实力”到“应该把每一分扶贫经费都用在刀刃上”，常年奔走于扶贫一线的李振生倾心倾力察农民兄弟之所需、思农民兄弟之所想、谋农民兄弟之所盼，时时不忘为乡村振兴奔走呼吁。

2017年2月23日，中共中央政治局就中国脱贫攻坚形势进行集体学习的12则精准扶贫典型案例中，“贫困村创业致富带头人培训”与“下党村的扶贫定制茶园”皆是由李振生实践过的经典案例。

种子伴着汗水撒向大地，开出芬芳的花，结出喜人的果。通过多年来的精准帮扶，李振生等人在闽、甘、宁三省区重点贫困乡村吹响了返乡创业的号角，为各地改变山区“空心村”“空壳村”“留守村”难题提供了直接助力。

从主动办企促发展，到帮扶他村摘“穷帽”，再至带着扶贫提案议案上两会，李振生一直在朝着“中国没有贫困村”的方向前进。他先后被授予全国五一劳动奖章、“全国优秀党务工作者”荣誉称号，被推选为全国扶贫志愿服务促进会副会长。

功多而不矜，名盛而不傲。在扶贫攻坚这场硬仗面前，李振生从来没有骄傲，也丝毫不敢懈怠。

2016年10月，李振生荣获脱贫攻坚奖创新奖，这是国家首次设立这一扶贫领域最高奖项。他在感言中说，在扶贫这条道路上，我曾走过许多弯路，也曾经以为给村民们修条路，造座学校就算是扶贫。但是，当我深入到基层开始对农村有了解的时候，才发现，这些并不正确。很多时候，钱只可以解决当前的问题。而用钱来培训村民们的技能，转变他们的理念，改变他们的头脑，带动他们去挣钱，才是真正从根本上扶贫。

从东到西，蓉中村领跑了一个个快步奔小康的新农村。一种强烈的使命感，在李振生的心中燃烧得更加炽热。

2019年9月26日，喜迎新中国70周年华诞前夕，李振生被光荣授予“庆祝中华人民共和国成立70周年”纪念章。

抚摸着这枚意义非凡的纪念章，李振生比以往更加斗志昂扬：“我深爱这片土地，我愿帮助更多人一起过上幸福的生活。”

（◎吴晶 林鄂平 朱洁英）

绿水青山真英雄——闻彬军

他曾攀上事业巅峰，旗下多家公司年销售收入逾4亿元。

他也曾跌落人生谷底，为了推广家乡的生态农业产品，数月间就把在京打拼20多年的积蓄全部赔光。

他是个“疯子”，在穷山沟里建起了山庄，把各村招过来的大姑娘小媳妇全部培训成了服务员、销售员。

他更是个英雄，用一筐大别山里的生态菜，催生一个年产值3.4亿元的产业链，带动7个乡镇36个村3万农民创业致富，对接帮扶建档立卡贫困户1003户提前两年摘掉贫困帽。

他就是湖北先秾坛生态农业有限公司总经理闻彬军。

事业有成，却要回乡养猪。他是不是疯了?

有人说，每一个回农村创业的人，都要先成为一个“疯子”。闻彬军也不例外。

2012年年底，事业有成的他，突然决定要回乡养猪，这让周围所有的人都难以理解。

从世俗的眼光看，闻彬军无疑是令人艳羡的成功人士。

他出生在湖北英山孔坊村一个农户家中，父母含辛茹苦养育三个孩子，家境十分贫寒。

冬天，父亲没钱买袜子，总是赤着脚。母亲病了，不舍得花钱吃药，痛得在床上打滚。

在闻彬军的记忆中，每次快到开学，悄悄凑到墙角，都能听到母亲发愁的叹息。

“咱们就是砸锅卖铁，也要让他们读书。”经年累月，父亲安慰母亲的这句话好像长在了闻彬军的脑海里，时刻鞭策着他要珍惜时光、发愤学习，将来让父母过上好日子。

1991年，闻彬军顺利考入湖北大学生命科学系。为了减轻家里的负担，他一晚上做4份家教，每次回到宿舍都是深夜。毕业后，他进入一家中国500强食品企业公司搞销售，凭着“不怕苦、不怕累、就怕被人看不起”的倔强劲儿，连续4年都是集团销售冠军。此后，他又先后创办多家公司，最高时年销售额突破4亿元。

有经验、有人脉，闻彬军的生意做得风声水起，为何突然要回乡创业、归隐田园?

原来，闻彬军有一个困扰多年的心结。每逢春节，他都要回老家住上几日。走街串户，他发现乡亲们的日子，虽然比他小时候好很多，但仍不富裕，家中经济来源主要靠青壮年在外打工。

英山县是自20世纪80年代中期，国家启动扶贫开发政策以来，首批确定的国家级重点贫困县。由于地处大别山腹地，交通不便，加上产业配置不合理等因素，贫困县的帽子一直摘不掉。

正月十五一过，村口天天都会上演类似的场面：老人们抹泪送儿女出门打工，孩子们抱着爸妈嚎啕大哭不肯撒手。

每每看到这些场面，闻彬军心里都难受极了。

为什么老家有好山好水好空气却过不上好日子，乡亲们只能背井离乡到外地打工？

为什么村里的孩子明明有父有母，却过着像孤儿般的生活？

为什么这么多人外出打工了，村里还是这么落后？

每到夜深人静时，家乡的山山水水就会在眼前打转，这些问题也会在脑海中盘旋。

好好学习，走出小山村到大城市去赚钱，曾是小时候根植在闻彬军内心深处的信念。可是，赚到钱以后，他开始思考，一份朝九晚五的稳定工作或是一种热闹喧嚣的都市生活，就是他全部的人生追求吗？

“凭着自己的打拼，我富了。但我的家乡还一直处在贫困中。所以我就一直在想，我能不能回到家乡？我怎么回到家乡？我到我的家乡未来究竟干点什么？”反复思量之后，他渐渐明白，再优渥的物质生活也不会让他获得真正的精神满足和心灵归属，他必须回到他的起点，重新出发。

契机来了！2012年，英山县党委政府配合国家大政方针推出一系列招商引资政策，希望吸引一批县里外出的能人回乡创业。闻彬军立刻下定决心，带着所有积蓄回到了家乡。

闻彬军回乡干啥？养猪！他是不是疯了？

闻彬军不管那些风言风语，心中早有一番规划。

多年前，他在京城结识了奥运冠军许海峰，了解到体育运动员对生态猪肉的需求。那是他第一次知道，原来吃肉还有这么多讲究。凭借多年来积累的经商经验，他感到发展猪肉产业大有可为。

国家精准扶贫政策实施后，英山县根据当地的实际情况，开始探索一种新的生态农业模式——在山势比较高的地方养猪，山势低的地方种菜，猪粪用来给菜地施肥，废菜叶子再用来养猪，以此形成一个循环。

然而，只有生产没有销售，很难形成规模效应，必须引入民营企业这汪活水，才能增加生态农业的活力。

恰逢其时，闻彬军正是在这时回到了家乡，找准了早已看好的生态猪肉创业方向。可没等黑猪养殖达到一定规模，他又被家乡遍地都是的有机蔬菜所吸引。

“市场上有机生态菜很紧俏。”2012年年底，朋友聊天时的一句话让闻彬军心头一喜：家乡的绿水青山，最适合种植高品质果蔬。

每一位游子归来，都觉得家乡既熟悉又陌生，如何找到自己的土壤，是回乡创业的关键。经过分析，闻彬军认为在家乡四面环山的洼地或山岗上，土地面积与就近村劳力相当，适合人工种植，其卖点就是“生态”。

有了政府的支持，闻彬军很乐观，觉得只要投资建个猪场，然后流转土地种菜，再找养猪和种菜方面的专业人才去管理就可以了。

2013年年初，闻彬军火速创立以神峰山庄为核心基地的湖北先秾坛生态农业有限公司，立志要带领乡亲们脱贫致富。

可是，妻子却提醒他：“你要回农村，我知道拦不住你，但我要提醒你，农村的事很难做。”

没想到，麻烦远比预料的来得快。

神峰山庄700多名服务员，个顶个儿都是“多面手”

闻彬军的步子迈得很大。他决定建宾馆，先把城里人吸引到农村来，再让他们消费有机蔬菜和生态猪肉，形成一条产销一体的产业链。

宾馆选在孔坊乡新铺村的一片荒山野岭上，紧邻英山县西河流域。除了天然的山水花草，这里实在看不出有什么特别。

一上马，盖10个北京四合院，投资400万元。乡亲们都纳闷，穷山沟里盖四合院，城里的人会来吗？县城里的宾馆都住不满，谁能来咱这穷山窝？

有人直接泼了冷水，宾馆建好后活不过3个月，纯属烧钱瞎折腾！

在大城市待长了的闻彬军却认准一个理儿：回归大自然，享受田园生活，是城里人旅游休闲的大趋势。

结果，开建21天，500万就花出去了。一个月，1400万见了底。这样的烧钱速度，让闻彬军始料未及。

“光大把地往里投钱，却见不着回头钱，看来这件事不能一步到位。”闻彬军及时调整了思路，决定先建山庄，把餐饮搞起来，让钱流动起来。

2013年5月6日，村里响起了震耳欲聋的鞭炮声。仅用73天，一个可以供120人住宿、700人就餐的神峰山庄建成开业了。

山庄是建起来了，但要把客人接待好，服务是关键。可从各村招过来的大姑娘小媳妇们，大多连普通话都说不明白。

先培训后上岗，不合格坚决不上岗。闻彬军把在城市创业的标准化管理思路搬到了神峰山庄，为员工制订了详细的培训计划。

每天，新招来的员工都会按照培训老师的要求大声喊话，“我叫某某某，我一定会成功的，大家给我作证吧！”

白天忙没时间，喊话就安排在晚上，街上喊怕扰民，就安排到山上去喊。一时间，村里回响着服务员扯着嗓门自我介绍的声音。

没几天，村里的流言蜚语开始满天飞：“这个老板疯了，员工也跟着疯。”更有甚者，把闻彬军的山庄看成了传销的窝点。

乡亲们不理解、不信任，第一批员工刚刚上岗没多久，就被他们的家人拉回去一大半。

“老百姓的思想没跟上，扶贫就是一句空话！”乡亲们越是这样，闻彬军越是坚持，回乡创业，统一思想是前提，好比火车车厢只有与“火车头”对接、同频共振才能整车提速。

除了训练胆量外，闻彬军还专门请专业人员给员工进行文化知识、文艺表演、走姿等一系列的培训。

此外，他还自创了一套选人用人的绝招：让员工喝酒。

和员工一起吃饭，闻彬军会让员工喝酒，然后偷偷从旁观察。有的人偷偷把酒倒掉或者换成水，这属于理智型，适合管钱管物；而有的喝多了，又哭又闹，但依然还想着他被布置的任务，说“要到山上练唱歌”，这属于敬业型，值得培养。还有一种是伪装型，平时表现很好，酒后尽现原形。这类员工能扶正则好，扶不正就淘汰。

方法是怪异了点，但效果还真不差。

不出两个月，一个个连普通话都说不利索的农民脱胎换骨，说话服务有模有样。不到两年，山庄700多名服务员，个顶个儿都是“多面手”：上车是导游员，下车是服务员，上台是演员，到了直营店就是售货员。如今，闻彬军的山庄创造了“旅游无淡季，天天游客满”的奇迹，2016年接待游客达30万人次。

“培训上要下大功夫，舍得花血本。”据统计，仅在员工培训上，闻彬军4年间就花费了上千万元。先后开办新型农民培训班119期，培训贫困人口8692人次，硬是把“泥腿子”打造成了信心饱满、见多识广、能文能武的“新农民”，活跃在生产、销售、服务一线。

6个月，在北京打拼20多年的积蓄全部赔光

2014年10月14日，神峰山庄的第一家有机蔬菜直营店在武汉开业了。

经过半年多的坎坎坷坷，员工的素质有了显著提升，大家伙儿穿着清一色的服装，把货品摆放得井然有序，对顾客个个笑脸相迎。

闻彬军摩拳擦掌、满怀信心，可是他又一次跌了跟头。

进店来看的顾客不少，可是真正掏钱的人却不多。有的说这菜大小不一、卖相不好，有的说这菜怎么还有虫眼。

4天时间，4000多斤菜只卖了17斤，60多块钱。一堆员工守着发了黄、打了蔫的菜，欲哭无泪。

投入如此大的资金和精力，为何会得到这样的结果？闻彬军百思不得其解。

几个夜晚的辗转反侧，他一拍大腿，终于想到了问题的要害。

什么是无公害蔬菜？无公害蔬菜是怎么培育的？无公害蔬菜对健康有何益处？这些问题老百姓不懂，必须先给大家普及知识。

他立刻召集全员，做出了一个疯狂决定：“把所有的菜、蛋、鸡、肉运到武汉，只要是当地居民每人凭身份证都可以免费领取15斤菜，但是我有一个条件，你必须听我讲清楚为什么我的菜会变黑？为什么我的菜大小不一？为什么有虫眼。”

那些日子，直营店的货柜边出现了一台“可移动的宣讲机”。面

对每一个排队领取免费蔬菜的顾客，闻彬军都会不厌其烦地讲授有机蔬菜的种植方法和食用常识。

6个月的时间，没有人计算过他在店里站了多长时间，说了多少句话。但是他的妻子知道，这个一直对自己的商业才能充满自信的男人，在这段时间经历的心理煎熬。

从冬到夏，连续4个月，闻彬军坚持免费送菜。粗粗一算，直营店亏损了400多万元，把闻彬军在北京打拼20多年的积蓄全部赔光。

入暑时节，武汉好似一个巨大的蒸笼。心力交瘁的闻彬军中了暑，晕倒在店里。醒来后，他让员工简单买了点药，匆匆服下又继续奔波。

血糖高了，血压也高了，看着渐渐脱了形的儿子，母亲急得直哭："不干了，妈不要你的什么事业，妈只要儿子……"

妻子也心疼地说："咱别干了，投出去的钱就当交学费吧！"

"市场不相信眼泪。"闻彬军认准了华山一条路："就算我赔得起钱，可赔不起乡亲们热切的希望啊！"

这一把把蔬菜，是乡亲们用辛勤的汗水浇灌在贫瘠的土地上，结出来的希望，更是乡亲们对他这个返乡能人的全部信任啊。他怎么敢辜负大家啊！

又过了半年，蔬菜店的顾客们渐渐多起来了。闻彬军决心最后赌一把，他宣布：蔬菜不再免费送了，而要收钱，而且价钱还要比市场上稍贵一点。

店员们又傻眼了。老板这是要干啥？这不是成心把好不容易攒下来的人气给折腾没了？

没想到，海报贴出的第一天，店里不但没有冷冷清清，反倒人头攒动。很多附近的居民拎着袋子筐子，高高兴兴地来买菜了。

顾客心甘情愿掏钱买菜，这说明神峰山庄的产品得到市场认可了！第一次，这个在商场打拼多年、自诩心肠很硬的汉子，热泪盈眶。

店员们欢腾了。免费送菜不亏，反倒招来了很多回头客。老板这一招真厉害！

种好菜还要打开销路，如何让养在深闺的好产品走出大山？

营销出身的闻彬军独具慧眼，着手打造农业+旅游的完整产业链：上游，流转周围农户的土地，发展生态农业;下游，将山庄打造成游客们“试吃”的体验地、游客变会员的引流点。

趁热打铁，第一家蔬菜直营店的旁边开起了旅行社，诚邀消费者到山庄体验生态农业。

“我把山庄作为一个秀场，我希望大家到我的基地亲自去体验，看看我们是怎么做的，最后再决定究竟未来是吃还是不吃。”

第一批游客来的当天，山庄上下全员上阵，闻彬军更是亲自挂帅，为游客们上了一节生态农业课。

“我们这里都是应季菜，人工除草、物理防虫，无公害种植……”虽然是讲生态农业，可是他语言风趣又通俗易懂，游客们不时发出阵阵笑声，临走时又加购了一大筐蔬菜。

为了保证质量，闻彬军给自己的农场和养殖农户定了比铁还硬的规矩：养殖一律不喂有添加剂的饲料、不用抗生素，吃的全是地里产的粮食和作物秸秆，生猪必须生长10个月以上才能出栏，鸡8—10个月出栏；蔬菜瓜果坚决不施化肥、不打农药、不打除草剂，每个猪场都必须建有沼气池，各类粪便必须经过发酵后才能给蔬菜瓜果施肥。而沼液一律通过管道输送到农田施肥，沼气还可烧水做饭，田里的菜叶还可喂猪养鸡。

他有言在先："你若是坏了我的规矩，我就砸你的饭碗！

顾客眼见为实，无添加剂、不喂饲料，就成了神峰山庄的一块金字招牌。

慢慢地，神峰山庄农业+旅游的完整产业链雏形初见。山庄内，游客看"黑禧铁猪三项赛"，吃当地厨娘的"十大碗"，欣赏山庄员工表演的《印象大别山》风情晚会；山庄外，行程将大别山主峰景区、南武当、毕昇温泉等景区一线串起。

游客离开时，大都会大包小包带上山庄产的有机肉、蛋、菜等。还有不少人变成了山庄在全国各地农乐园的会员，仅武汉就有近3000个家庭一年四季吃神峰山庄的生态菜。

渐渐，神峰山庄的人气越来越旺，庄主的名声也越来越响，有人打趣说，神峰山庄笑傲江湖的时代就要来了！

山庄不养懒人，只要肯学肯干，公司就会给平台、给机会

2018年4月7日，神峰山庄农乐园汉口花园店开业当天，数十公斤生态肉、蛋、菜被抢购一空。

这是英山县神峰山庄在武汉的第25家、全国第76家直营店。依托这些农乐园，每天50吨农产品从山庄销往大城市，500名游客进山观光体验。

根据闻彬军的设计，76个农乐园直接链接36个种植基地、76个养殖基地，统一出资建设，采取统一圈舍标准、统一喂养有机饲料、统一芯片跟踪、统一检验收购、统一市场营销的方式，与农户签订包销协议。这样的生产模式，一个基地就是一个市场主体，一个农民就可以锻炼成一个老板，许多村民都可以成为骨干。

山庄第一批员工沈小飞，是金家铺镇黄林冲村人，曾在外打工多年，不仅照顾不了家人，还难以摆脱家庭的贫困。

2013年，沈小飞半信半疑，应聘到神峰山庄上班。5年过去，她从服务员做到客房部经理，如今已是神峰山庄合肥片区的总经理，负责合肥市40个神峰山庄农乐园的经营，2016年沈小飞一家顺利脱贫“销号”。

在闻彬军的动员下，沈小飞的丈夫开办起黑禧猪、眼镜山鸡养殖场，定期给山庄供货。这个曾经贫困潦倒的家庭已彻底告别愁苦的日子，过上富足的生活。

“给钱给物等于施舍，而这种施舍不长久、不可持续。”对待贫困户，闻彬军认为：“授人以鱼，不如授人以渔。帮他们找到铁饭碗，让农民有尊严地脱贫，才是有意义的结果。”

扶贫重在扶智、扶志。神峰山庄成立了农民培训学校、先秾大医商学院，凡是到山庄上班的员工，闻彬军都会亲自授课，与他们谈人生理想，聊市场营销。

孔家坊乡郑冲村留守妇女周爱玲，丈夫因出外打工腰椎受伤基本丧失劳动能力，公婆年迈多病，家境十分贫寒。2013年年初到山庄上班后，她很快成长为民歌大王，后来又当上武汉“黑禧猪神峰山庄农乐园”的店长，月薪近万元。

看到山庄发展的前景，周爱玲把公婆也拉到自家门口的果蔬农场上班，每年创收3.6万元，家里还养猪、养鸡，每年收入60000元。

昔日贫困户，一跃成为小康人家。像周爱玲一样，仅英山县就有650多名贫困人口在闻彬军的公司，月薪工资少则3000元、多则上万元，实现“当年就业、当年脱贫”。

培养一个新员工脱贫一个农户，定点一个养殖户致富一个家庭。2017年，山庄产值达3.4亿元，带动3万名农民创业致富，其中

2880名农民在山庄基地常年务工，带动家庭成功脱贫，定点联系1003个建档立卡贫困户，实施户户“十头猪、千只鸡”养殖计划，黑禧猪以高于市场价20—30%收购，人均增收5907元。

“山庄不养懒人，只要肯学肯干，公司就会给平台、给机会，希望培养更多的员工独立闯市场。”

神峰山庄的800多名员工经过培训，成为身兼多职的复合型人才：拿起抹布安排食宿会当服务员，拿起道具唱歌跳舞能当演员，拿起话筒沿途解说是导游员……

在闻彬军的带动下，昔日的留守妇女、外出务工青年，成了山庄的片区经理、大堂经理、店长；昔日的英山县，登上“先秾坛”这艘大船，闯荡浩瀚的商海。

农民日日夜夜耕作打交道的土地，流出了“金元宝”

如今，行走在神峰山庄，满眼的果蔬，挂满了山岗，填实了洼地。每个蔬菜基地，都配套有一个小型猪场或鸡场以及沼气池。

这样的设计有着特别的心机：蔬菜采摘后剩余的菜梗可用作畜禽青饲料；农户分散养殖，既能防病、降低风险，又能就近集中处理畜禽粪便，减少污染。沼气池建成后，变废为宝，开关一摁，沼液自动流到田间，为蔬菜生长提供养分，还能为山庄的餐厅和客房提供燃料。

从2013年山庄宾馆开建时，闻彬军就已经开始养猪种菜了。可随着山庄客流量与日俱增，小规模种植根本就跟不上客户的需求，他开始思考着流转整片的土地。

流转第一批土地时，闻彬军在村里转了7天，嘴皮子都要磨破了。

祖祖辈辈，土地是农民的命根子，即使按年产出给够租金，也没有几个人肯把土地交给别人。更有甚者，宁可让田地荒着，也不愿借出作他用。

闻彬军心里很清楚，农民之所以不愿把土地流转给你，关键原因不是租金多少，而是长期生存没有保障。

“既然他们有后顾之忧，我就让他们有充分保障。”经过扎实调研，一个以神峰山庄为主体、“公司+基地+合作社+贫困户”的产业扶贫模式很快出炉，并在英山县孔家坊乡郑家冲村成立全县第一家农民自强互助脱贫合作社，全村56个贫困户154人优先纳入合作计划。

按说，这一扶贫模式能让多方受益，有持续分红和务工收入，大家应该一呼百应。可在实际操作中，闻彬军还是遇到了非常大的阻力。

养猪场要动工那天，闻彬军的舅妈第一个不干了。她躺在挖掘机前，朝天哭喊：“我的地只许种庄稼，你要乱挖，除非把我活埋了！”

闻彬军一家家上门去做工作，吃了多少闭门羹，听了多少风凉话，挨了多少骂，连他自己都不记得。

最终，靠着一股死缠烂打的韧劲儿，终于谈拢了263亩土地，建起神峰山庄第一个生态农业基地。

如今，闻彬军的舅妈就在这个基地务工。

有一次，闻彬军问她：“舅妈，你还后悔不？”舅妈说：“后悔呀……真后悔没有早点把土地流转给你。原来我没什么收入，如今不仅得到租金，还能挣到工资，手头比以前宽松多了。”

从养黑禧猪开始，到种蔬菜、水果，再到养鱼养虾养甲鱼……神峰山庄在英山、罗田两县7个乡镇36个村累计流转土地5850亩，实行标准化生产。“猪—沼—菜”立体生态循环生产模式，产出200余种品质一流的健康食材，催生了“黑禧猪”“竹筷子”“当年味”等绿色商标。

一样的土地，种不一样的菜。农民日日夜夜耕作打交道的土地，源源不断地流出“金元宝”。乡亲们渐渐都愿意把自己视作命根的土地，交到“庄主”手里。

近年来，蔬菜种植基地扩容到31个，一个个养鸡厂、养猪场在山林不断涌现。闻彬军十分自豪：“现在只要20分钟，就能将一个村的土地流转到位！”

20分钟就能流转一个村的土地，靠的是什么？

在英山县，流转土地的农民享受到了“四重保障”：生活保障，每亩年分500斤稻谷；收入保障，老年人在家门口农场务工每天能收入50—60元，中年人在山庄上班月薪3000元左右，年轻人在农乐园上班月薪5000—10000元；增收保障，八小时之外还能养鸡增加收入；致富保障，八小时之外还可能养猪赚更多的钱。

当地老百姓这样评价闻彬军：从来没失信，该给的租金和分红，按时足量到位，而且很多家里的孩子在山庄上班，供吃供住。谁遇到了困难，他都热心救助，很善待大家。

“你跟农民不要谈理想，更不要去画饼。”闻彬军说，农民要的是实打实的实惠，你给不了肯定就做不下去。

如今，神峰山庄先后流转31个村的土地，建成31个黑禧猪养殖示范基地、1个眼镜山鸡孵化基地、67个养殖示范基地。

村民们把田地流转给了神峰山庄以后，便由神峰山庄进行统一管理。闲下来的村民，年轻的可以到山庄工作，表现好的年薪可达10万—20万元；年纪稍大的可以到山庄的菜地里去干活，一般都能有3000—4000元的收入；除此之外，还有一部分“大户”和神峰山庄合作，按照神峰山庄的标准养鸡养猪，然后再通过闻彬军的渠道销售，一个家庭的年收入可以达到几十万元。

山村里很多人因此过上了以前连想都不敢想的生活。很多人家里盖了好房，大姑娘小媳妇都开起了宝马。

大家好才是真的好，村民要致富必须振兴集体经济

2018年1月27日，南方普降暴雪，神峰山庄的几千个蔬菜大棚几乎全部被压倒，蔬菜都被冻坏，断水断电断路，养殖场里的猪仔鸡仔几乎都被冻伤冻死。

几千万的基地投资，上千人的心血眼看就要付之东流。乡亲们红着眼圈，围住了闻彬军："神峰山庄不能倒呀，它可是我们致富的全部指望啊！"

那一刻，闻彬军眼前发黑，几乎快要倒下去了。

他是真的后悔了。他后悔返乡创业，后悔干农业，后悔搞扶贫！

没想到，英山县有关负责同志赶到山庄基地，送来救灾资金。乡亲们撸起袖子，展开了抢救式的抗灾工作。连一向反对他返乡的妻子也说："闻彬军，你一直是条汉子，跌倒了有什么，再爬起来呀！"

跌倒了就爬起来。心若在，梦就在，大不了从头再来！在各级党委、政府帮助下，在员工们的共同努力下，神峰山庄上下积极抗灾自救，终于挺过了难关！

现如今，山庄固定员工900多人，很多员工买了房买了车；周边2000多名农民在家门口就业，年收入都过2万元。

回想神峰山庄的成长，闻彬军始终念念不忘英山县委、县政府给予的大力支持：出资拓宽贯通8个自然村的环神峰山24公里水泥道路，投资600万元修建125米长的神峰大桥，使所有通往生产基地和山庄的

道路变得更顺畅，大巴车直接开到山庄；投入数百万元，支持农民自建蔬菜大棚和沼气池；投资600万元帮助山庄建成游客接待中心……

“公司的成长其实是沾了政府的光，是搭上了精准扶贫的便车。没有好政策，没有政府大力支持，山庄也不会有如此快的发展速度。”从这次抗灾行动后，闻彬军开始思考：带富了一批村民，如何让村集体经济也强起来，更好地发挥乡村振兴的积极作用？

党的十九大报告提出完善承包地“三权”分置制度。以此为契机，神峰山庄正在积极推行公司占股51%、村自强互助脱贫合作社占股49%方式，将原36个基地村打造成36个专业村，探索“公司+集体经济组织+农户”模式，实现集体增利、农民增收、企业增效。

郑家冲村是第一个将全村263亩土地整村流转给闻彬军的村子。全村100多户、403人大多在山庄上班，老年人每人每天50—60元，中年人月工资3000元左右，都市农乐园上班的年轻人月工资5000—1万元。农民既有土地流转租金又有务工薪金，全村人均年增收1.8万元。村集体年增收20万元。

“山庄成立之前，我们村集体没有收入。”郑家冲村党支部书记郑在旺说，更大的改变是带动了村民的思想解放、观念更新，村里大姑娘、小媳妇形象气质变了，跟城里人一个样。

神峰山庄已举办一届“农民种菜技能大赛”、两届“神峰山庄国际梦幻灯光节”、三届“4.28中国好农业节”、四届“美厨娘大赛”、五届“中国健康产业正能量论坛”。山庄曾把所有员工请来，为自己父母洗脚；山庄员工工资90%发给员工自己，10%发给公婆。

“大家好才是真的好，村民要致富必须振兴集体经济，这些都是在给农村注入活力，为农业赋予文化。”今年，闻彬军兼任金家铺镇黄林冲村村委会副主任、村自强互助脱贫合作社总经理，开启“户户发展庭院经济(猕猴桃、南瓜、冬瓜、苦瓜、蛾眉豆)、户户做竹筷子油面、户户做小麦酱(黄豆酱)”产业扶贫新模式，帮助黄林冲村集体脱困、整体脱贫。

在他的模作用范带动下，英山县积极推行一系列优惠政策，大力引进能人回乡创业，使得贫困人口数量逐年下降。

29岁的汪伟是新铺村人，放弃在上海10万元的年薪，来到神峰山庄承包2个养猪场和1个猪仔繁殖基地，年出栏仔猪、成品猪4000头，年创收近40万元。

当地扶贫办公室主任彭哲说：“2014年我们贫困发生率，高达32%。经过连续5年的脱贫攻坚，到2018年年底为止，我们全县未脱贫人口只剩下500多人，贫困发生率也降到了0.2%。”

神峰山庄，得偿所愿，实实在在地让周边老百姓富了起来。

“赚农民的钱不算本事，让农民赚钱才算真本事！”

有了良好的种植基础、完善的产业链，还有发展迅猛的市场，闻彬军有了更大的“野心”——

他一改传统的先种后销模式，采取私人订制，根据市场决定生产，先订单再生产销售。直营店主要销售的是基地生产的蔬菜瓜果和肉、蛋、禽等副食品，光蔬菜每天就要消耗6万斤。这里的货从来不愁卖，会员销售模式让店面很少有存货，基本上都是订多少就运来多少。基地扩建的数量和规模，也是按照会员的量级和需求决定的。按目前每天新增会员350人、办卡率70%计算，每3天新增1000个家庭（5000人）消费，每3天需要新发展一个都市农乐园直营店，每3天需要发展果蔬水产基地70亩。

这种订单式农业，正是闻彬军越做越大的法宝。以都市农乐园为桥头堡，建立实体店面、视频购物、电商购物、基地旅游、会员管理、农商基站于一体的市场营销网点，构建线上、线下全网营销体系，以“千里挺进大别山生态循环农业四天三夜（两天一夜）体验游”为纽带，以实施“中国好农业——生态农业进万家工程暨助力冬奥膳养天年全国惠民工程”为载体，以“文化创意+教育+培训+出版+影视+农业产业化解决方案”为新的盈利点，彻底打开了英山农特产品走向大都市、大市场的通道。2016年年底，每天向各地网店配送30吨果蔬、35头猪、1000只鸡及其他农特产品。

从2015年开始，闻彬军将目光投向了农副产品深加工行业。先后投资3000多万元，建成一个集米、面、油、干菜、茶叶等加工包装于一体的农副产品加工工业园。目前，这些贴有“先秾坛”标签的96种主打产品，已经在都市农乐园取得了不错的销售业绩。

他还积极向省外拓展他的“领地”。他先后在天津建成300亩神峰山庄潮白河国家湿地公园农业基地，在河北坝上高原建成先秾坛北燕基地1000亩，流转总面积达到5850亩，发展合同订购二级基地21500亩，将秭归脐橙、山东老树苹果、滁州胚芽米、霍山灵芝孢子粉、锡林郭勒羊腿、金寨茶油、陕西安康雪魔芋列入农乐园销售产品名录。

一方面，闻彬军希望给农乐园的会员供应品种更多、更道地的水果、米面、粮油等优质副食品；另一方面，他在外地拓展的“领地”首选偏远山区，希望让那里的农民多受益。仅2018年，锡林郭勒盟的羊腿一夜卖了7.2万只，秭归脐橙一天卖了6.5万斤。

越是走进深度贫困地区，闻彬军越能看到农乐园发展的无限商机，越能感受到广大农民脱贫致富的勃勃生机。

2019年8月底，他亲自考察了4个省，行程万里，为的是找到非转基因的面粉，还有苹果、醋、大米。2019年年底前，他打算把陕西的石榴、沧州的枣、河南的山药、库尔勒的梨和葡萄干的优质卖家敲定。

不管走到何处，闻彬军的选货标准只有一个：非转基因，不打农药、不施化肥，无污染、无添加，外加原产地。

“绿水青山就是金山银山。”这是闻彬军坚定不移的初心，更是被市场检验的真知。

5年来，神峰山庄围绕“一筐生态菜”，建设旅游度假村、果蔬家庭农场、先秾食品科技园、物流配送中心，打造环神峰山24公里生态休闲农业旅游观光带及万亩种养基地，成为种植业、养殖业—农产品深加工业—直营销售店—餐饮住宿—交通运输业—生态农业旅游观光业等一二三产业融合发展的全产业链企业。

这片荒山已经一跃成为国家运动员绿色食品基地、国家AAA级旅游风景区、全国旅游扶贫“能人带户”示范项目、全国“巾帼脱贫”示范基地。近3年公司产值实现三连增。

“计划至2020年，在南京、江西等地复制10个神峰山庄，发展都市农乐园400个，实现员工过万人、年综合收入过40亿元，带动3万家农户脱贫奔小康。”闻彬军对未来充满信心。

2018年，“神峰模式”入选全国产业扶贫十大典型案例，全国各地前来取经的队伍络绎不绝。

“赚农民的钱不算本事，让农民赚钱才算真本事！”这是闻彬军在农乐园打出的横幅，更是他向家乡父老乡亲的郑重承诺。

（◎吴晶 林鄂平 梁木）

携手奋进致富路——葛剑锋

江苏苏州张家港市杨舍镇善港村、贵州铜仁沿河自治县中界镇高峰村——这两个村庄在卫星地图上显示的距离约为1500公里。

每隔8天，善港村的党支部书记葛剑锋都要穿越1500公里，回一次在高峰村的“家”。

“葛书记每天清晨5点起床，一直工作到下午两点。午饭匆匆扒上两口饭就来挂水，一分钟也不耽误。”高峰村卫生室医师陈丽丽说：“他挂完水就回去工作，我们常劝他别太累了，可他哪里听啊！”

每一次到高峰村，身体吃不消的葛剑锋都要打几小时的吊针。一边打吊针一边打电话布置工作，一秒钟都不闲着。

葛剑锋原本是一个不愁吃穿的亿万富翁。为了让家乡的老百姓过上好日子，他脱下西装回到了家乡；为了让更多的贫困农民过上幸福日子，他爬上高山险坡，奔走于乡间小道，扎根在田间地头，累坏了自己的身子。

常有人问："你在扶贫工作上这么拼，是为了啥？为了升官还是为了名利？"

葛剑锋笑笑说："我是一个共产党员，老百姓富了，幸福了，我就值了！"

是继续把自己的企业搞得风生水起？还是回到乡下出任贫困村的党支部书记？

2009年，32岁的企业家葛剑锋面临着一个选择：是继续把自己的企业搞得风生水起？还是回到家乡出任贫困村的党支部书记？

"剑锋，你现在富了，可善港村还是个贫困村，全村百姓都盼着你回来，当个脱贫致富的带头人呢！"望着村里连片撂荒的田地，葛剑锋的耳边回响着市、镇两级领导和他的谈话。

"晴天一身土，雨天一身泥，全村只有煤渣路""泥堵围墙茅草房，树皮草根拌青糠"……善港村是葛剑锋出生的地方。

21世纪的第一个10年就要过去了，这里依旧和他童年时的记忆没多大差别——小伙子们找媳妇难，外地姑娘不愿意嫁过来受苦。

葛剑锋最终做出了决定——当，并且要当好这个党支部书记，改一改善港土地的样貌，让她给老百姓"长"出"金疙瘩"来。

"家"穷人心散。回村第一件事，葛剑锋自掏腰包垫付了村里工作人员上一年的工资，赶走了大伙儿的"苦瓜脸"，拧紧了党员干部的“思想绳”。

然后，他把家搬到了村委办公室。白天，带着村干部在村子里溜达，一起给村子“找病根”；晚上，一个人坐在办公室想方案，困了就趴一会儿。

“发展现代农业，这是善港的出路。”想明白了，葛剑锋就撸起袖子，带着大家伙儿一起干。

不分昼夜，年轻的葛剑锋就像一台超负荷运转的机器。

为了理清村里集体资产的账目，葛剑锋邀请专业的经济师和法务人员，查清账目规范合同；为了解决村里大面积耕地撂荒的问题，他反复找村民小组长、村民代表做工作，还自己带头领着村干部在田间劳作……

大半年工夫，葛剑锋病了，被确诊为肾损伤。医生说，他病得很严重，必须立刻停下，安心静养。

“老百姓还没有富起来，我怎么能休息？”在病房里，葛剑锋一手插着针管，一手改工作方案。

村里的糊涂账理清了，集体账目上也有钱了，善港村不到一年就走入了发展正轨，周边的经济薄弱村纷纷跑来取经。

2012年，一项新任务来了：把周边3个贫困村也带起来。

“地缘相近，人缘相亲，困境相似，大伙儿都不富裕，大家一起想法子，一起奔小康。”葛剑锋毫不犹豫地答应了。

互帮互助，谈何容易！

善港村与同为“难兄难弟”的杨港、五新、严家埭“四村合一”，可用财力不足1000万元。

如何将这四块“边角料”缝补出一件“新衣服”？

葛剑锋给大家打气：“我们加把劲，把村子从破产的边缘拉上来，再加把劲，就能把周边薄弱村一起拉到小康阵营。”

凭借企业家特有的敏锐，葛剑锋确定了“宜工则工、宜农则农、宜副则副、宜商则商”的发展道路——善港村通过改造工业老区、建设工业新区、用好工业闲置区，盘活存量土地90亩，新、改、扩建标准型厂房及三产用房3万平方米，累计达到8万平方米。仅此一项，村里每年增收500万元。

之后，葛剑锋又着力引进“三新”产业，精心组建了村能源和物业公司，为政府、企业、种养大户等提供后勤保障等有偿服务，不断壮大村集体经济实力，形成了一、二、三产齐头并进的良好发展模式。

一年后，看着村里的发展态势，葛剑锋萌生了开设“有机农场”的想法。没有技术，更没有资金，他就‘老老面皮’，四处请专家、跑项目。

镇江有个中国十大“三农”人物、全国道德模范、全国劳模研究员赵亚夫，数十年如一日扎根农村、矢志兴农。为了请动这位大咖，葛剑锋“三顾茅庐”。

前两次拜访，他把自己的故事和善港村的难题和盘而出。赵亚夫没松口，留了一句话：“土地先整整看！”

没有拒绝，这事有戏！回到村里，葛剑锋立刻带领支部成员下地开工，仅用7天完成25.6公里灌溉河渠的疏浚，10天完成276亩抛荒地的翻土复耕，30天完成流转土地2562亩。

那段时间，工地上一片欢歌笑语，村民们感叹说：“咱善港村多少年都没有这样热闹了！”

当赵亚夫应邀来村里考察时，他被善港村人的斗志打动了：“剑锋，我信你！你三次带病跑来请我指导农业发展，我再拒绝，就说不过去了。”

在赵亚夫的帮助下，善港村走出国门觅良种，对上争取求资金，加快速度建暖棚。最终，国家财政项目顺利落地，600万元补助金建成冬暖式大棚160余个。

资金和技术解决了，人手又成了新问题。葛剑锋不顾医生的劝阻，又带着病泡在田里。

大冬天，他只穿一件衬衣，在田里挥着锄头，一双脚都被泥渣子淹没了。

“那段时间，葛书记病得很厉害，整个人都浮肿变了形，我们都差点认不出他了。”村民张兴洪回忆，“但他丝毫不在意，他说，‘老百姓富了，我的脸上自然会有光’。”

村民们看得心里热啊，大家伙儿喊上左邻右舍，也扛起农具冲向地里。

春天来临，善港村的面貌焕然一新，1000亩有机水稻、特色蔬菜和400亩有机无花果，孕育着百姓脱贫致富的希望。

有机农场带来的效益十分可观，“互联网+订单+基地+农户”模式不仅强了村级经济，也富了百姓口袋。

善港产的日本越光大米、无花果冻果、美国金瓜等产品成了市场上的抢手货，全村200多闲散劳动力也在村办农场实现了就业。

近年来，在葛剑锋带领下，善港村以腾笼换凤、资产置换、资产托管等方式，加大盘活整合力度，主动出击，洽谈项目，争取指标。利用周边企业搬迁、扩张的契机，引进了东方之子服饰、江和英金属等多家规模型企业。

目前，善港村域内已集聚各类企业150余家，建成无花果、葡萄、金瓜、苹果、蔬菜、水稻、苗木、和田枣等9个特色农业基地，种植面积超2500亩，同时吸引了十多家欧美高端企业入驻，仅此一项，村里每年增收1000万元。

善港村还成立了土地股份合作社，坚持耕地100%流转、村集体统一经营。以村集体主导的股份制形式发展现代农业、高效农业，开辟了“以农兴村”的新路子。

2017年，善港村年总产值达21亿元，村级可用财力2500万元，村民人均年纯收入突破3.6万元，村级财政收入实现3年翻两番，成了后进村脱贫致富的典型。

如今的善港，天蓝水清，道路开阔，生活幸福，10年前的“穷样子”早已成了“昨日故事”，葛剑锋临危受命的传奇被7500名父老乡亲口口相传。

我不能辜负这份信任，更不能忘记强村富民的责任

江苏省生态村、三星级康居乡村、水美村庄……一项项荣誉见证了善港由内向外的美丽蝶变。

“环境整治势在必行。”随着村集体经济的发展，葛剑锋提出，新农村要实现可持续发展，生态环境建设是重中之重。

可是这项整治计划，起初并不是那么顺利。一些村民认为村经济刚有起色就花钱搞环境，不值得。

为了消除村民的疑虑，葛剑锋带着村干部挨家挨户上门走访、解释，最终得到了大家的支持。

2012年年底，善港投入1300多万元进行船坞里改造、户厕改造，铺设污水管道，建成地埋式有动力污水处理系统；新建了一批文化休闲广场和健身场所；引入水系，铺设环河景观休闲道路。

地平路直、场清屋洁，家家户户门前屋后绿树环绕……村子净了、美了、亮了，人的精气神儿也不一样了。生活在这样的环境里，村民的脸上都笑开了花。

富了口袋，不能空了脑袋。开办全市首个“道德书场”，举办“幸福网格乐翻天”善港赛区才艺PK赛，开展“上善若水·福港家园”迎新春文艺演出……在抓经济、优环境的同时，葛剑锋还为村民送去丰富的精神食粮，全村上下渐渐形成了见贤思齐、崇德尚善的良好风尚。

善港村领导班子发现，随着时代的进步，村民对民主自治也有了新要求，原有的村民自治体系，已经不能满足现在村务管理的需求，必须进行深化改革。

怎么改？葛剑锋提出“善港善治”新模式，重新修订了《村民自治章程》《村规民约》及实施细则，由2000多户代表表决通过并“公推直选”产生村民议事会，真正做到了“村情民理、村策民决、村事民定、村财民管、村绩民评、村利民享”，也进一步促进了农村管理的精细化。

村强、民富、景美、风正、人和，每家每户都住着两层别墅，人均年收入在3.5万元以上……一幅“强富美高”的绚丽蓝图在善港村民眼前变成现实。

“有了葛书记，才有了我们大家的好日子！”村民们对葛剑锋充满了感激。

葛剑锋说：“大家举荐我当书记，是对我的信任，我不能辜负这份信任，更不能忘记强村富民的责任。”

我们一个村富了不算富，全国的村庄都富了才是真的富

葛剑锋生在农村，长在农村，懂得父辈靠天吃饭的无奈，更了解农民的疾苦。

近年来，他时常想，善港的村民是富了，可是全国尤其是中西部地区还有许多村子仍处在贫困中。

“我们一个村富了不算富，全国的村庄都富了才是真的富。”

党的十九大明确把精准脱贫作为全面建成小康社会必须打好的三大攻坚战之一，葛剑锋感到这是国家向善港村发出的号召。

“葛书记，你把咱们善港村都扶起来了，我们信你，你说咋干就咋干！”村两委班子一致支持他的决定——结对帮扶，先富带后富。

善港村结对帮扶的第一个村，是陕西安塞县沿河湾镇方塔村，一个远近闻名的穷村子。

怎么干？葛剑锋先要摸家底。

爬上方塔村的后山，看着树上红彤彤的苹果，他随手摘下尝了一口。

“山地苹果长得好，红里透白，咬一口汁多脆甜。”葛剑锋还没夸完，一旁的村民皱着眉打断了他：“俺们的苹果俏，可卖不出去，也卖不上好价钱！”

果贱伤农，村民的话戳痛了他。葛剑锋嘴里啃着苹果，心里想着路子。

“乡亲们，你们只管种，我来负责卖！我们既要卖出去，更要卖出好价钱！”

一句承诺重千金。善港村扶贫队进入后，引入山地苹果绿色基因和品牌化营销模式，通过村集体企业江苏善港生态农业科技有限公司，在方塔村建立了500亩有机山地苹果种植基地，助力方塔村发展绿色、环保、生态农业，实现贫困户苹果种植由“产量”到“产值”的蜕变。

为了苹果能卖出好价钱，葛剑锋和农科院联系，把关苹果品相，还给苹果换了包装，拿到了有机证书，换上了绿色品牌。

背上苹果样品，葛剑锋奔波于北上广等大城市，穿梭于各个展销会，很快让穷乡僻壤的果子走向城市中高端市场，从原来不到8元/公斤升值到20元/公斤。

如今，常常是果子还没上市，方塔村党支部书记白光荣就打来电话报喜："老葛啊，苹果还挂在树上，订单就一张张飞来哩……"

方塔村的百姓们富起来了，善港村的扶贫队又出发了。

2015年，葛剑锋带领村干部到了井冈山，扎在沃壤村里住了下来。

一家家走，一家家问，葛剑锋把村里的家底摸了一遍，又给他们做出了产业脱贫的方案。

丰收的季节，一箱箱绿茶、碧根果、山茶籽油从沃壤村寄出，当地总想着也给葛剑锋寄一点，报一下丰收喜讯，邀请他看看脱了贫的村子如今红火的日子。

他婉拒了："一个村子扶起来了，还有另一个，我的脚步不能停下。"

陕西、贵州、湖北、江西、江苏……善港村扶贫队走过一站又一站，相继和5个村签订结对帮扶协议。

"要在沃壤种下红绿果子，长出金银疙瘩"。不经意间，葛剑锋开了一个村结对帮扶六个村的先河，在全国脱贫攻坚的"大棋局"中，开拓出一条扶贫"新路径"。

富口袋只是小目标，拔掉思想穷根才是大方向

2018年3月，贵州省沿河土家族自治县高峰村。葛剑锋带着15名

扶贫队员第一次走进这里，被眼前的景象惊呆了：

牛粪遍地，垃圾乱倒，蚊蝇乱飞，老鼠乱窜。村民看到队员时神情冷淡，爱搭不理……

这是葛剑锋选中的地方——2017年，东西部地区协作帮扶，葛剑锋主动找到国务院扶贫办，表示要在贵州，选“最偏远、最贫困、最不容易扶”的村！

高峰村坐落在半山腰，满眼石旮旯且严重缺水，是石漠化深山区的典型。这里世代缺水少地，看天吃饭，全村148户562人中，有贫困人口50户119人，贫困发生率21.2%，属国家级一类贫困村，也是全省2760个深度贫困村和沿河50个深度贫困村之一。

那时，葛剑锋刚刚大病初愈，善港村的扶贫队员都劝他，这么远这么穷的地方，你就别去了吧。可是，他非但要去，还要驻村，手把手地带。

之所以选定高峰村，是希望通过帮扶这些最难帮的村，探索出可复制可推广的精准帮扶经验。

宿舍里，铺盖卷一铺，高峰村的扶贫决战就算打响了！

汲取善港村的经验，葛剑锋提出结对帮扶应从点对点帮扶升级为整村帮扶，从加强基层党组织建设、完善基础设施、发展经济产业、推广文化教育、完善乡村治理等方面同步发力。

善港村15名涉及基层党建、宣传教育、产业发展、农业技术等专业的扶贫队员，按照支部联建、文化共建、产业同建、乡村齐治做了分工。

搞产业？高峰村人听了不是叹气就是摇头。

他们尝试过，但都失败了。面对满山遍野的石旮旯，村里的青壮年劳动力纷纷选择外出务工。

“这里的老百姓连上厕所都困难，更别说医疗、教育、卫生问题了，吃饱穿暖是他们最大的心愿。”葛剑锋认为，高峰村想要脱贫致富，必须要先种下产业扶贫的种子，在村民的心里点燃希望。

村里较为完整的耕地分布在海拔较高的峰头上。沿着山路往上走，年轻的小伙需要爬半个小时，身体欠佳的葛剑锋每次都会坚持一起上山。

“每次都担心他爬不动，可哪次他都上来了。我们高峰的山头，他都跑遍了。”高峰村党支部书记罗文武感慨道。

每次，气喘吁吁地爬上山头，葛剑锋都会待上很久。他从这山望向那山，思考着高峰村脱贫致富的出路。

既然走不出山，就得攻下这山！高村人就得创新思路，靠山吃山！

不久，在葛剑锋的邀请下，南京农业大学的专家进山了。葛剑锋带着他们，对高峰村的气侯、土壤以及种植环境进行实地勘测。

在农业专家的建议下，村里开辟了扶贫示范试验地，小规模试种了7亩美国金瓜和4亩玫瑰香糯玉米。由于种植科学，扶贫示范试验地大获丰收，村民们沸腾了！

以前，群众种植玉米是拿来当饲料，喂猪喂牛，卖不出价钱，肯定不划算。现在通过优化品种，试验培育的精品玉米是给人吃的，口感好又有营养，效益翻了两三翻。

“群众缺什么，我们就扶什么。”善港村驻高峰村领队宋海忠说，“我们发展产业，不求规模，但求出精品、出效益。”

在善港工作队的帮助下，高峰村的产业经历了从无到有的转变。短短4个月，党旗飘扬在高峰之上，育苗田里长了第二茬，扶贫试验田里的金瓜已经成熟，连栋大棚成为新的风景线，儿童的欢笑回荡在山间……

不到一年，高峰村有机农业产业园在山脚下拔地而起，灵芝、阳光葡萄、白雪公主草莓等当地人闻所未闻的高端农产品，相继落地生根。

高峰村的村民也对返乡创业有了信心。

长期在外务工的村民罗敏第一个回村，带领贫困户一起种植了30亩提子。退休干部罗来凤是高峰村人，得知消息后主动拿出所有积蓄近60万元，回村成立了特色种植农民专业合作社，种植百合40余亩。外出村民的不断回归，让高峰村的发展有了新的希望。

如今的高峰村，山脚下规划建设了有机农业产业园120亩，分为百果林、美国金瓜、农业设施区、露地种植区、稻鸭共作区五大产业板块。同时，还将在后山建设现代化养殖场和生态茶叶公园，首期种植生态茶150亩，新建茶叶加工厂、检测中心、展示中心，努力打造一条具有地域特点、能够促进稳定增收、产业链条完整的扶贫主导产业。

看到村里生态产业、绿色产业发展的广阔前景，越来越多的村民不再选择外出务工，一心留在村里依托自身特长创业兴业。

有产业是第一步，有秩序更重要。

第一次到高峰村时，给葛剑锋留下深刻印象的不是贫困，而是垃圾满天飞、生活污水满地流。他心中最迫切的念头，就是在高峰村开展乡村治理。

“穷不可怕，就怕懒。如果连扫地都不愿意，还谈什么脱贫。”看着凌乱不堪的村部，葛剑锋自己拿起了扫帚。

一开始村民们认为葛剑锋在做秀，可他却天天扫，一有空就扫，从大马路到村寨小道再到村民房前屋后，就差帮村民打扫家里的卫生了。

见一个外地人一直帮着自己村里扫地，村民们低下了头，纷纷拿起扫帚。如今，不等帮扶驻村队员拿起扫帚，村民看到哪里不干净，都会自发收拾。

为进一步美化环境、增强村民环保意识，驻村工作队为村里配备了垃圾清运车、垃圾桶、杀虫剂等；在道路醒目处布置环境保护标识；定期开展乡村道路环境整治；以“环境保护意识化，道路清理常规化”为宗旨，开展美化环境工作，普及环境保护意识。

天长日久，葛剑锋在高峰村养成了爬山的习惯。上山路上，他总是走走停停，看一看育苗地里的苗、实验地里面的瓜果长势怎样，还有哪些荒地能够开发……

扶贫队员们还带上秋英花的种子沿路播撒。不经意间，花开满了两边的小道，装点了嶙峋的山石，让整个村庄都充满生机。

现在走进高峰村，道路两旁干净清爽、花树亮秀，村民院落整洁美观，修竹茂林环绕下的土家特色民居错落有致，体育文化休闲广场设施一应俱全……

文化墙、宣传专栏、标语，所到之处无不充满着浓厚的文化宣传氛围。为了让文化水平不高的群众直观、简易地了解和接受党的惠民政策，工作队还配置电影设配，定期或不定期地放映。

全国贫困村“精准脱贫示范区、全面振兴样板区、中西部协作典范区”——如今，葛剑锋为高峰村提出的“3个定位”，已经牢牢扎根在村民们心中。

“智志双扶”是扶贫攻坚的重中之重。高峰村的风貌之变，让葛剑锋更加坚信：帮助村民富口袋只是小目标，拔掉思想穷根才是强村富民的大方向。

我是党培养起来的基层干部，在扶贫攻坚的道路上，没有理由停下脚步

有什么能够给贫困地区以持续不断的脱贫扶持，有什么能够让扶贫的力量不只局限在工作队的几个人身上？

高峰村的转变日新月异，一直盘旋在葛剑锋头脑中的问题渐渐有了答案："人是一切行动的根源，有再多的钱和物，没有人去干，没有人去落实，一切都等于零。"

这些人来自哪里？来自来之能战、战之能胜的党支部。只要把党支部夯实了，没有不能战胜的困难！

葛剑锋又创新了！善港村和高峰村搞起了地方支部联建，他要为贫困地区打造一支带不走的队伍，实现党的建设和精准扶贫"无缝对接"。

每两个月，高峰村就会出现一些新面孔。善港村选派15名轮战队员驻村帮扶，建立临时党支部与高峰村党支部实现支部联建。

按照葛剑锋的要求，驻村工作队队员要和高峰村百姓同吃同住同劳动，不仅要投入真金白银，更要投入真情实意。

初来乍到，水土不服，有的人血压飙升到190，有的人毒蚊子叮咬得高烧不退，还有人因想念孩子在深夜默默流泪……

没人抱怨，更没人退缩。因为身先士卒的葛书记说：咱们共产党员，就得有负重前行的担当！

高峰村村支书罗文武记忆犹新："善港村扶贫工作队进村时，面对村民质疑的目光，没作太多解释，一来就修路整地，苦干实干。"

清晨，队员们拿起扫帚打扫村部；周末和暑期，他们为留守儿童办起辅导班、托管班，为村民开设周末夜校、假日课堂；农闲时节，他们翻山越岭为村民们放电影……队员们渐渐融入了当地百姓生活之中，和他们想到了一起，干到了一起。

“感谢这段时间叔叔阿姨的陪伴，给我们心里留下了美丽的句号。”这是在高峰村村委会留言板上，孩子们写下的心里话，稚嫩的笔迹透出对驻村工作队员的深深不舍与感激之情。

除夕夜，葛剑锋和驻村工作队队员都没有回张家港，而是留下来与高峰村村民一起过年。

心贴得越紧，村党支部的工作就越有力。在村民的一致支持下，葛剑锋通过“村民筹资＋帮扶基金＋社会捐款”的方式，在高峰村设立了“善扶康”健康医疗互助基金，由村委会管理，根据村民病种和住院花费金额进行适当补助；开设善学堂，为留守儿童提供学习、生活辅导。

截至2018年年底，驻村工作队组织党员专题学习30余次，发展预备党员2名、入党积极分子4名，播放主旋律电影60余场（次）。

一个带十个，一户带一片。在葛剑锋设计的支部联建体系中，“党员中心户”也是一个重要抓手。

走进高峰村的各村民组，“党员中心户”的家不仅是党员遇事商量、沟通的联络点，也是村党支部服务周边群众的工作站。

党组织原来可以离我们这么近！帮我们这么多！

一系列“党建＋”项目，渐渐激发了高峰村党员干部的示范带头作用，增强了村民的凝聚力，提升了脱贫攻坚的战斗力。

“村民要致富，关键看干部，帮钱帮物不如帮建一个好支部。”高峰村的实践证明，精准扶贫必须有一个好班子、好队伍。

可是，高峰村的干部成长起来了，还有千千万万个贫困村的队伍需要建设。

葛剑锋又有新想法，他决定在善港建立一个农村干部学院，把经验带给更多贫困村的能人干部。

没有办学经验，他就带人到各地去取经；来不及新建场地，他向上争取要来了培训场所；筹建人手不够，他四处联络，组建了一支志愿队伍。

仅仅3个月，善港农村干部学院建成使用！

2018年5月21日，苏州—铜仁贫困村创业致富带头人培育（首期）开班仪式在善港农村干部学院举行。来自贵州省沿河县的45名贫困村创业致富带头人，围绕思维创新、典型示范、党建统领、乡村治理等方面“取经”“充电”。

这一次，葛剑锋多了一个新身份：教师。

三尺讲台上，他讲述了一个又一个脱贫例子，教授了一个又一个致富方法。课间休息时，他常常被大家围住，为一个个村把脉问诊。

“看到他们求知若渴的眼神，我就知道，脱贫事业，我们都在一起努力！”葛剑锋说道。

这种以“农民为教员、田园为课堂、合作为纽带、共富为目标”的交互式帮扶，将葛剑锋等人多年来的经验与做法摆进了“点子超市”，各地可以因地制宜、按需取用、复制推广。

有了农村干部学院这个阵地，葛剑锋又有了更大的梦想。他琢磨着，精准扶贫应该“对症下药”，也应该有包治百病的“灵丹妙药”。

想到就干。葛剑锋自己出资，在善港村建设赵亚夫农业农村研究院，邀请国内顶尖农业专家赵亚夫坐镇指挥，打造农业技术“智力库”，提升现代农业“含金量”，为扶贫提供技术支撑。

2018年5月，善港培训基地应势而生，同年9月，被国务院扶贫办批准为全国贫困村创业致富带头人培训基地。

有了基地，教学体系也得及时跟上。葛剑锋找到了第三方，正在推进制定《整村扶贫标准体系》。

他说："整村帮扶标准体系研究的目的，是在为整村帮扶提供完整、科学、可操作性强的方法体系的基础上，梳理整村扶贫相关的政策、法规、标准和案例，建立整村帮扶所涉及的党建工作、管理制度建设、文化打造、产业发展与集聚的标准化流程与方法，为我国整村帮扶扶贫模式提供科学的理论方法体系，指导我国整村帮扶扶贫模式的规范化、可操作性和可复制性，全面提升整村帮扶工作的效率。"

"希望善港能成为一个创业致富带头人的'孵化器'，培养出更多的致富能手，帮助更多地方'真脱贫''脱真贫'。"葛剑锋说。

要想寻找真脱贫、脱真贫的答案，必须去找真贫、看真贫。又一次，葛剑锋拖着刚刚康复的身体，和扶贫队员一道，走进了武陵山连片特困区。

有人问：你都干了这么久了，也做出成绩了，为啥还非要钻这穷困的死角，非要自讨苦吃？

"我是党培养起来的基层干部，在脱贫攻坚的道路上，没有理由停下脚步。"没有豪言壮语，没有惊天壮举，葛剑锋的答案，道出了基层扶贫工作者的质朴初心。

作为一个农民的儿子，葛剑锋对生养他的土地有着深深的眷恋；作为一名基层干部，他对农村有着不舍的情结；作为一名共产党员，他对国家的需要有全力以赴的担当！

走过一个村，扶起一个村。葛剑锋从善港村开出的"扶贫动车"，一路走过陕西、贵州、湖北、江西、江苏，在贫瘠的土地耕耘出丰硕的果实。

如今，2020年实现全面小康的目标近在咫尺，善港村结对帮扶的脚步也越来越急。

以“强富美高”的善港村为蓝本，葛剑锋带领扶贫工作队立下誓言：必得以无畏生死的姿态勇于创新，以鞠躬尽瘁的精神勤于拓荒，善始善终，善作善成，善登高峰！

（◎吴晶 林鄂平 梁木）

一心换得万心安——刘启芳

6年前，刘启芳接到一个邀请，为“吉心工程”项目做包装推广，她带着当时刚周岁的女儿前往吉林。

因为一个5岁女孩，她被触动，寻思要为心脏病患者做些什么。从此，吉林省1000多个村相继出现了她的身影。

从一颗糖开始扎根吉林

刘启芳是地道的北京人，也是国内一家年收益过亿元的大型广告传媒公司的合伙人。一次偶然的谈话，让她放下了事业，放下温暖的家，踏上了从未涉足的东北吉林长春，带头组建“吉青·吉心工程”

专业志愿服务团队。

2014年8月5日，随着党和政府对“三农”工作越来越重视，吉林省多个政府部门正式启动了“吉心工程”心脏病公益专项医疗救助项目。刘启芳被介绍给“吉心工程”做品牌包装推广与落地，也因此成为这个项目的第一位志愿者。

一个北京姑娘，怎么想到放下家庭，扎根农村的？回忆起来，还是当初吉林团省委副书记的一席话打动了她。“书记说他们这一年有十万人得这个病，但是就医的还不足五分之一，有大量的人在农村都没法看病。他们因病返贫，书记问能不能帮这个项目义务做包装推广，这样可以帮助这些贫困的农村心脏病患者。”

这让做文化广告公司的刘启芳眼前一亮，各种前期的宣传推广她都可以执行，也许没有人比自己更适合做这件事。

刘启芳最初认为凭借十几年做公益项目品牌包装的经验，最多也就在吉林省待两三个月。没料到，一个5岁小姑娘留住了她。

2013年7月，北京很热，刘启芳作为“社会新阶层人士”，受统战部门之邀，参观吉林省心脏病医院的情形。带着孩子，踏上了前往吉林的火车，她没有想到，从踏上火车的那一刻，就彻底改变了之后两年的人生轨迹。

“去之前我想过会很投入，但是没想到会这么投入。”

她说了一件很触动自己的事。“当时去小儿病区遇到一个小朋友，我闺女给了小朋友一块棒棒糖，小朋友收起来但没什么表情，当时我就觉得她是不是不喜欢糖。我就问她，妹妹给你糖，你不高兴吗？她说，我挺高兴的阿姨，但是我不能高兴，因为我只要一高兴就会死的。”这个女孩患有先天性心脏病，一激动就会晕倒。所以，她小小的年纪便学会了控制情绪。

这让刘启芳心里特别难受。“我瞬间有种揪心的感觉。我就想，这么小的孩子谈生死，还这么谈定。我就跟她妈妈聊天，她妈妈说她生下来就有先天心脏病，因为没有钱给她医治，所以每年一到冬天经常生病。她不能特别高兴，只要一激动就容易晕倒，所以她很能自控也很冷静，看着很沉稳，就像一个很大的小孩。”她说，当时这个5岁的孩子就靠着墙，没有一点表情，自己闺女在边上跑来跑去活蹦乱跳，两个孩子形成鲜明对比。

这个“一高兴就会死”的小姑娘，所患心脏病绝非绝症。“只要手术就能恢复，但家里实在没办法拿出5万元、10万元。因为孩子总住院，老公也跑了。”小姑娘的妈妈，悲戚的面容中带着坚强，“砸锅卖铁我也要给孩子治病，只希望我能比孩子活得久……”

这个女孩本可以和女儿顺宝一样，有个无忧无虑的童年。但是1岁时被查出患有先天性心脏病，每年要住院一次，每次花费一两万元。但事实上，只需要一次彻底的手术，她就可以与正常孩子一样生活。由于孩子的父母很难一次性拿出十几万元的手术费，只能在她病重时入院进行短期治疗。

医生告诉她，这些孩子一旦晕倒是很可怕的，很容易离开这个世界。但是只要做了手术，就能像她的孩子一样，可以跑跳，可以玩耍。如果不治的话，只能像现在一样没有质量地生存。

初为人母的刘启芳，不禁泪下：“女儿出疹子，我心疼得3天没睡觉。如果父母因为没有钱，只能眼睁睁看着孩子随时离开世界，该是怎样的不能承受之重啊！”

“我突然感觉到，原来钱这么有用。如果父母因为没有钱，就眼睁睁地看着自己的孩子成为人类的旁观者，孩子随时离开这个世界，这残酷的现实对妈妈有多痛苦。”刘启芳说，当时自己刚做母亲一年多，看到这种画面就像心被扎了一样。

5岁小姑娘的话，让刘启芳决定去帮助这些患先天性心脏病的孩子，重启第二次有质量的生命。“我们要在有能力和资源时，把心中的善化为举手之劳。”刘启芳说。

刘启芳“内心一直对农村很有好感”，她的父母当年作为北京知青到山西插队，后来留在了当地。儿时在北京和祖父母生活的她常到山西农村和父母团聚，“村里的乡亲都对我很好”。

刘启芳记得，有一次她看到村里的玩伴哭得很伤心，过后才知道玩伴的父亲心脏病病发，因没钱治疗去世了。

“在农村，最怕生病，很多人有病没钱治”，几乎走遍了吉林省各个村屯的刘启芳深有感触。据《中国心血管病报告2013》和吉林省卫生健康委员会的统计数据，在吉林省，每年约有10万人患有心脏病，大量患者在农村，因无钱手术，接受治疗的不到5%。而有关方面一直想推行“单病种路径治疗定额付费”，即经新农合和医保报销后，只需慈善基金再补充些差额，就能让贫困患者实现免费手术。如果在吉林省心脏病医院实施这个项目，每募集1万元慈善基金，即可挽救一个心脏病人的生命。

“不过，要想做好这件利民之事，还需有人帮助做项目包装、推广……”闻听情况，刘启芳基于自身职业优势，当即揽下了这份“义工”。这个专门救助吉林省农村贫困心脏病患者的项目，就叫作“吉心工程”。回到北京后，刘启芳处理完手头工作，便带着尚不能离开母亲照料的幼女，踏上了前往长春的火车，当起了全职且无酬劳的志愿者。

刘启芳觉得，她该为这些来自农村的心脏病患者多做一些事。她想到，能不能不光是帮这个项目做广告营销传播，是不是可以做得更贴近这些人。用一年时间，把这个品牌落地，以后就继续有人来做。接下来，她迅速筹集到第一笔慈善基金300万元，而这300万元想帮300个人，开始“一分钱掰成八瓣花”。

起初，刘启芳计划一边工作一边做公益。真正接手后，她发现“吉心工程”做起来并不容易，想要兼职是不可能了。她托管了公司的工作，全身心投入到“吉心工程”的各项工作中。因为有很强的统筹和策划能力，刘启芳被启动“吉心工程”的相关政府部门推荐成为这个项目的总负责人。

不过让刘启芳欣慰的是，公司、丈夫和父母都鼓励和支持她。公司愿意为她保留职位，并发动公司力量为这个项目捐款和招募志愿者。

之后的5年里，她克服重重困难，影响并带领一支上千人志愿者团队，四处奔走，使吉林省近万名贫困心脏病患者得以接受免费手术，重获新生。她参与的工作，也从最初的品牌包装延伸到项目的设计、决策和议程等环节。

一步步丈量农村土地

“吉心工程”目标是5年内募集1亿元慈善资金，免费救助1万名省内需要心脏病手术治疗的新农合贫困患者。

“我和女儿整天吃住在心脏病医院，本以为待上3个月，帮助把‘吉心工程’的包装推广方案做完，移交当地政府就可返京，谁料……”说起为何留在长春，刘启芳一言难尽。在做方案过程中，刘启芳总感觉“内容不接地气，效果不理想”，为此她从北京找来部分同事做志愿者，在一年内走访了全省800多个村屯，不断调研优化方案。“比如宣讲词，原来都是专业的医学术语，为易于老百姓理解，我们就把心脏换瓣比喻成‘换锁芯’……”

“工程实施之初，很多人都不相信一分钱不花就能治心脏病。”刘启芳说，当今社会一提到“免费”就会让人质疑，认为志愿者是骗子。为此，她带着女儿和志愿者们为来自全省110个乡镇、1228个行政村的数千位被筛查患者进行免费心脏病检查诊断和宣讲，并向全社会募集善款，让越来越多的患者知道并信任“吉青·吉心工程”。

刚开始，看到长相漂亮、穿着时髦的刘启芳，很多村民都以为她是骗子，态度并不友好。“哭过，有很多次感觉自己快撑不下去了。家人、朋友和病人的陪伴，又无数次给了我走下去的力量。”刘启芳开展项目推广的方式越来越多，组织医疗专家团队深入村屯义诊、开办爱国爱心健康大讲堂，组织二人转剧团送演出下乡，融项目介绍于剧目之中……

“和村民聊天时能感觉到，他们不相信我们，只相信政府、媒体，于是我们找卫生部门和电视台主播。”刘启芳说，“龚海在《二人转总动员》节目中为项目做了一次口播，当天便接到700多个咨询电话，要知道，以往一天也就10来个电话。”

刘启芳带领志愿团队制作了“吉心工程”公益广告，在当地百姓常看的电视节目中插播，还定期给村医和村干部培训，让他们帮忙传播。

有一次到村里宣传，刘启芳碰到了一位前来咨询的拾荒老人，发现他们看不到电视，很需要帮助。于是，刘启芳设计了集中的百日下乡活动。

每年7月，刘启芳会带着志愿者团队下乡宣传“吉心工程”。项目启动第一年，她每周有近一半的时间都待在村里。一年后，项目定点的吉林心脏病医院平均每天接到100多个咨询电话，每天至少有70多名患者入院。

组织医疗专家团队深入村屯为村民义诊，也是“吉青·吉心工程”的一项重要任务。两年里，刘启芳组织了7次大型义诊，2000余名村民得到免费检查。她带领团队深入到1100多个乡村，在田间地头为村民讲解工程救助流程，为3000余名村医、基层团干部以及对农企业、组织讲课，并在定点医院组织每周6次健康讲堂，讲解心脏健康知识。

免费的心脏病手术原本是件好事，但很多农民一开始却觉得志愿者是骗子。为消除农民对项目的误解，刘启芳和团队会多次到访同一个村子，回访患者术后情况。

第一个回访的对象是一位叫董明(化名)的中年人，患心脏病几十年，因为怕花钱，从没去过医院。一次他病发严重，被家人送到“吉心工程”的定点医院吉林心脏病医院接受免费手术，董明心脏里装了一个进口起搏器。术后回到村里，很多人跟他说：“人家不会白做，肯定是摘了你的肾或肝，一个换一个”，类似的话听多了，董明竟信以为真。

担心“体内少零件”的董明，尽管术后身体各项指标均恢复正常，但他还是不敢干力气活儿。直到志愿者免费为他做了一次器官扫描后，才打消他的疑虑。惭愧的董明主动在村里说起“吉心工程”的好。

20多岁的张振(化名)也是万名“吉心工程”的受益者之一。他在12岁时被检查出患有先天性心脏病，经常上不来气。因为不能剧烈活动，很少出门的他性格内向，没有朋友，最常做的事情就是待在床上绣十字绣。

2015年，在吉林心脏病医院的手术室里，外国专家为他实施了瓣膜成形修复手术。现在，张振是家里的顶梁柱，种地、开拖拉机都没问题，也谈起了恋爱。术后，他和很多病友都成了宣传“吉心工程”的志愿者。

病人现身说法，更有公信力。受此启发，“吉心工程”开设了爱心大讲堂，介绍心脏病如何预防、治疗，术后如何生活，国家有哪些优惠政策等。一周6堂课，让了解项目的患者和家属帮忙找需要手术的人。

她说，只有到田间地头，到农民家里，才知道他们想听什么，他们听了什么会相信，他们相信了以后会采取什么样的行动，村里人又是用什么眼光看待这件事。

虽然项目宣传推广效果不错，但新的问题接踵而至：当地政府部门没有足够人力接手。刘启芳横下一条心：组建“吉心工程”专业志愿服务团队，自己带头干！2014年8月5日这天，刘启芳正式给自己定了个目标：5年筹集1亿元，救助1万人。

“你是北京人，能在吉林待多长时间呢？有太多公益项目都是说得特别好听，最后却做不到。你要是能在长春待两三年，我就信你……”不少企业家这样对刘启芳说。“时间会证明一切”，刘启芳决意“为爱打赌”。2015年，她把北京的公司交了出去，彻底扎根吉林。

6年过去，如今的“吉心工程”早已名声在外，很多农民家里都挂着介绍这一公益项目的挂历。现在下乡，刘启芳团队增加了外国专家义诊、文艺演出、培训村医、回访等内容。

“在整个过程当中，特别有意义的是，没想到做一件事能够挽救人的生命。”她说，在这个项目中，看到了很多大悲大喜的事。虽然贫困家庭因为缺钱特别无力，却不离不弃，让你感到特别有力，这种力量足以支撑一个人面对疾病。“我参与的这种幸福，这种充实，是以前做企业体会不到的。这种东西是会记在你心里，融入到你的精神当中。”

“‘吉青·吉心工程’治好了我的病，为我省了10多万元的手术费用。”扶余县新源镇大五号村农民商纪义没有想到，正当全家人为了他的心脏病一筹莫展之际，会有这样的好政策，“现在病治好了，我又能给家里挣钱了，接下来的都是好日子！”两年里，2700多名农村贫困心脏病患者住进吉林心脏病医院，经过免费救治后康复出院，开启全新的生活。

“当农民朋友恢复健康，露出笑容那一刻，我觉得再多付出都是值得的。”刘启芳说，在共青团吉林省委与吉林省卫计委支持下，工程各项工作开展越来越顺利，她的目标是5年救助1万名贫困农村心脏病患者，“‘吉青·吉心工程’帮助贫困的农村心脏病患者摆脱病苦，无疑是一种创新型的精准扶贫，能参与其中，我深感荣幸与自豪，也希望能有更多人加入到志愿者的行列中，帮助更多贫困农村心脏病患者。”

母女俩一起做公益

自从来到长春，除了下乡走村，刘启芳和女儿大部分时间都待在医院里。不愿错过女儿成长的刘启芳，一直把顺宝带在身边。顺宝也成了项目团队里年纪最小的志愿者。

“去咱们东北的乡里发传单，我很喜欢。”顺宝这样描述。

一间病房里两张病床合在一起，就是母女俩的卧室，对面的病房则是刘启芳的办公室。

在女儿顺宝眼里，妈妈做的是件“伟大的事”。只有五六岁的顺宝对于公益和医疗的理解可能还不那么深刻，但是她也知道妈妈在做的是一件很值得、很不同的事情：“我们跟其他医院不一样，其他医院都要钱，我们这个医院一个钱都不要。”

在北京有大房子，公婆、父母轮流照顾顺宝，而来到长春，刘启芳感觉像重新创业，白天带志愿者队伍，晚上照顾女儿。

两年，带着孩子远离家乡，刘启芳的背后有先生莫大的支持。因为担心妈妈离不开孩子，这两年，都是先生周末赶来看母女俩，他总是周五从北京坐夜班车来，周日又从长春坐夜班车走。

因为当时孩子才一岁，不能让孩子离开妈妈。“当我留下来的时候，就决定带着她，因为我感觉到榜样的力量是无穷的，也许我做一些事会影响到她。我想孩子在10岁之前是很依赖我的，我不想错过她的成长。”就这样，刘启芳带着女儿，成为这个工程的第一位志愿者。

她说，很多人会觉得，我和孩子去吃苦了，其实并不是。

“这两年不带着她来，我不知道会怎样；但是带着她来，让孩子发生了很大的改变。我带着顺宝住在医院，每天走病区串病房，发现小朋友和小朋友的沟通，比大人和小朋友的沟通更愉快更直接。”

更让刘启芳开心的是，在医院里的6年，女儿顺宝成长了，比同龄孩子更成熟和善解人意。只要在医院里，刘启芳每天都要带着女儿一起去病房。顺宝只要看到身边有人咳嗽，就会主动送上一杯水。

有一个故事，会触动到人心底最柔软的地方。

一次术前顺宝和小朋友一起玩，生病的孩子说：“顺宝，我明天要做手术了”。

顺宝说：“是叔叔给你做，你别害怕，叔叔会救你的”。

孩子没有直接回答，淡淡地说："我也许明天会死的，我也许明天会好的。"

顺宝就告诉他："你不能死，你如果不死的话，你出来我送你一个黄色的棒棒糖。"

当时在边上的刘启芳很伤感，她知道顺宝最喜欢的就是黄色棒棒糖，她也知道只有孩子和孩子之间，才能有这样的对话。

而当顺宝把棒棒糖真的递给小朋友时，绝对的忍痛割爱，给之前还要咬一口，人家都拿到手里了，她还要再咬一口。这一幕让刘启芳一直不能忘记，回家后奖励了顺宝棒棒糖和巧克力，原因是"你把最喜欢的东西分享给了更需要的人"。

做这个项目的前几年，刘启芳和团队经常忙碌到深夜。小顺宝经常半夜醒来，刘启芳要先安抚孩子，再重新回到办公室工作。直到去年，7岁的顺宝回北京上小学，长春市的很多景点和儿童游乐场所还没去过。

当公司主要负责人多年，刘启芳说自己早就变成女汉子，"几乎快没了哭的能力"。可在东北，最难的时候，也哭过，后来她自我安慰："别人来找我帮忙，我要不坚强，人家心里能有底吗？我是哭过，但从没有想放弃过。"

冬季下乡调研，坐在人流较多的村诊所和小卖部里和村民们聊天，看到当地人一个劲儿地踮脚跺脚，在北京长大的刘启芳还以为对方是不耐烦，直到自己挪步时发觉棉鞋竟被冻在了地上，才恍然大悟。一盆冷水浇下，鞋解了冻，也湿了个透。"没想到东北的冬天会那么冷！"由于农村是室外旱厕，如厕也成了大问题。忙起来，经常熬到后半夜，睡前还要给女儿洗洗涮涮，坦承自己"从小被宠到大"的刘启芳，不禁红了眼圈儿。

将爱心进行到底

“新农合+大病保险+慈善募捐=全免费”，是“吉青·吉心工程”的运行模式。项目选择的定点医院实行临床路径与单病种定额付费，这使得病人一住院就能确定实际花费，大大提高了新农合报销比例。除去新农合和大病保险的报销，平均募集到一万元，就可以挽救一条生命。

“吉心工程”救助的病种包括冠心病、先天性心脏病、心脏瓣膜病、心律失常等心血管疾病。20多名来自意大利、德国、英国和美国等国家的心脏病专家为贫困患者实施支架植入、搭桥、换瓣、射频消融术等手术。

项目选择的定点医院——吉林心脏病医院，实行临床路径与单病种定额付费。这种收费方式让病人一住院就能先确定实际花费，避免过度医疗和过度用药，大大降低治疗费用。除去新农合和大病保险的报销，平均每募集到1万元，就可以救治一条生命。

为了救助更多人，刘启芳开启了“疯狂募捐模式”。

“不靠谱，一个北京人来东北做公益，还不是摆花架子？”募捐时，刘启芳四处遭遇别人白眼，还有人猜测：这位漂亮女子大概是因感情受挫，才孤身带着孩子离京。面对非议，甚至救助对象的不理解，身陷困境的刘启芳，偷偷哭了鼻子。

前来探望的父亲见状，送她一句话：“人生就像洪流一样，只有碰到暗礁，遇到困难，才能激起浪花。”第一年几乎没来看望过的丈夫，也开始每周末坐火车到吉林，陪着刘启芳一起下乡，“我特别支持你，老婆！”

“病人就是自己的客户，‘吉青·吉心工程’的目的是募集更多救人的资金”，刘启芳说做公益像在职场一样。

2015年9月7日至9日，在中国首个互联网公益日期间，网友在公益平台每捐赠1元，公益日基金就会配捐1元。

不愿错失良机的刘启芳，在活动开始后不停地发动微信朋友圈的好友和亲属进行捐款。“当时刘总不是发微信、打电话，就是盯着屏幕上的捐款金额，愣是三天三夜没合眼”，同事侯春燕说。

3天时间里，刘启芳和志愿者团队号召和动员了近8000人参与捐款，筹集善款500多万元。之后每年的公益日，刘启芳和团队的募款金额不断刷新：938万元、1800万元……2019年5月，腾讯公益发起“520为爱打榜”活动，“吉心工程”成为吉林省精准扶贫唯一一个进入全国前十名的公益项目。

吉林省青少年发展基金会秘书长王超介绍说，其实募集资金并不是刘启芳的分内事。

尽管如此，随时随地帮项目募集资金，逐渐成了刘启芳的习惯。一次在飞机上，她向邻座乘客介绍了“吉青·吉心工程”，事后对方居然捐了4万元。

不仅动员周围人募捐，刘启芳也参与其中，迄今，她向项目捐款70万元，其所在公司捐了150万元。

2015年年底，全国公益人物评选首次增加“三农公益人物”，吉林省电视台总监刘彦建议刘启芳参选。

时值秋冬交替，正是心脏病高发期，刘启芳忙得脚不沾地，无意参选。但刘彦的一席话改变了她：“你要站在更高的舞台上为吉林农民发声，这不是你个人的荣誉，而是你的责任，也有利于今后募款。”

“没想到，在全国众多候选人中，我竟会成为唯一的公益获奖者。真正令我高兴的是，很多企业开始主动找上门来捐款！”刘启芳说。

2016年1月23日，CCTV2015年度三农人物揭晓，吉林省“吉青·吉心工程”项目志愿者刘启芳当选，这是迄今以来唯一代表吉林省获得此殊荣的三农公益人物。

陆续获得“三农公益人物”“中国好人”“全国三八红旗手”等荣誉后，刘启芳发现，有含金量的荣誉是一种信任背书，为项目赢得了知名度和美誉度，能帮项目募集到更多善款、引来更多资源。中华少年儿童慈善救助基金会、上海宋庆龄基金会、上海华侨基金会等纷纷参与到“吉心工程”当中来。这股爱心洪流，挽救了一个又一个家庭。来自该项目的最新数据显示：有12190名贫困的心脏病患者接受免费手术，恢复了健康和劳动能力，其中最大的70岁，年龄最小的只有9个月。

在2020年全国脱贫攻坚战结束前，刘启芳和团队打算再救治1万名心脏病患者。当下，他们最重要的任务就是募款。作为新社会阶层代表人士，刘启芳也到这一群体中募款。在她看来，这一阶层有社会地位、有资源，也有社会责任感与担当。

患病卧床30多年的高丽（化名），现在又能重新料理家务了。去年春节前，她和丈夫特意穿上新衣服找到刘启芳，要跟她合影。痊愈后，高丽一家去年还清了欠债，“原本等死的人又重新找到了生活的希望”。

一年正月，一对夫妻坐了4个小时的车来找刘启芳。“我们就是想穿件新衣服跟你合影，今年春节，终于过得像个人了！”原来，妻子产后得了心脏病，身体极为虚弱，经常喘不上气，家中所有重担都压在了丈夫身上，而高额治疗费又使本就贫困的家庭雪上加霜，全家人一年到头都没个笑模样。成为“吉心工程”救助对象后，女人做完手术恢复了健康，家庭有了“新生”。

那一刻，刘启芳觉得，付出的一切都“太值了”。

“吉心工程”服务团队，现有21名专职人员，还吸引了上千名志愿者，到今年年底，他们将提前一年完成救助1万人的目标。“最让我欣慰的是，受志愿团队影响，许多被救助者的家属也走上了无偿献血、助人为乐之路。”

团队的其他志愿者数月或一年会轮换一批，而刘启芳选择坚守到项目完成。“帮助别人不需要回报，但回报会在无形之中”。刘启芳说，她只是把心中的善化为举手之劳。

受其感染，公司上下全力支持刘启芳的公益事业。一开始，“吉心工程”的核心志愿者都来自刘启芳所在的公司，目前，志愿者项目核心团队的10名志愿者也均来自她所在的公司。侯春燕就是其中一个，放下山东的工作离开家人来到长春，一直和刘启芳并肩作战。

在侯春燕看来，刘启芳已经把“吉心工程”融进了内心和行动中。身边榜样的力量，让侯春燕一直坚持着做这个项目的志愿者。

“项目就像一条珍珠项链，我就是穿起来的那根线”，刘启芳希望“引爆”更多有能量的人来帮助患者。

为给志愿者们一个身份，刘启芳在2017年注册成立了精诚社工服务中心并担任理事长，侯春燕担任副秘书长。现在，团队中21名核心社工都是在长春本地培养起来的。精诚社工服务中心成立后，社工们能领到与长春平均收入差不多的薪水。

社工有薪水、医院有收益、患者能康复、政府部门有口碑、捐款人的钱用得透明，要让每一个参与“吉心工程”的个人和部门都有收获感。刘启芳说，只有这样，公益项目才能长久。

“专注做这一件事，做得我都有点‘着魔’了，逢人就说‘吉心工程’，有一次在飞机上，我跟邻座聊了一路，最后他慷慨解囊捐了4万元；还有一次坐火车，一位全职妈妈被打动，不仅捐款1万元，之后还经常带着她的两个孩子来参加活动，成了团队志愿者……”

刘启芳说，“救人救心”的“吉心工程”让她参与了不同人的人生，也成就了一个更好的自己。

刘启芳的工作跨度很大：不仅要去田间地头做宣传，也会应邀去高档餐厅和捐款人见面。她说自己像一条线，把贫困农民、项目志愿者、医院的外国专家、捐款的企业家这些原本不相关的群体连起来。

“体验是人生最大的财富。”刘启芳说，以前在工作和家庭中，体会到的是“小快乐”，现在是更多的医生、患者、爱心人士一起分享的“大快乐”。

在长春一待就是6年，帮助了这么多心脏病患者，刘启芳说，“这就是公益的魔力”。“可以说，我的团队都是在为爱打赌，我们不知道未来会怎样，但我们相信，只要能改变身边的一点点，把每个人心中的善念激发出来，就能让这个世界变得更美好。其实人人都有向善之心，只是有的人失去了相信的能力。”刘启芳说。

（◎吴晶 林鄂平 梁木）

心系故土一方泥——李士强

清晨，天还蒙蒙亮，河南省周口市沈丘县李寨村的张大娘已蹬上自行车,赶往村里的红薯基地。

农历九月的中原大地，空气中透着清凉，公路旁的白桦笔直站立，任清秋染上点点橙黄。偶尔会有一两片叶子飘落在地，随着张大娘的车轮带起的轻风，尽情舞动一番，为这丰收的季节献上贺礼。

放眼望去，一片宽阔的红薯地映着晨曦，接受着收割作业车的检阅。张大娘和村民们迎着朝阳，将一颗颗饱满的果实收入麻袋。

穿行在李寨村，入眼皆是风景，一派生机勃勃。很难想象，这里曾经又脏又穷，大批村民外出务工，留守的人家土里刨食，只能勉强维持生计。

18年前，因为一个人的归来，李寨村悄然蜕变，原本贫瘠的土地注入肥沃的新泥，结出丰硕的果实。

他就是全国人大代表李士强，河南亿星集团原董事长，现任李寨村党支部书记。

我自己富了，不能眼睁睁看着乡亲们受穷

2011年秋天，李寨村出了件稀罕事。

已是亿万身家的李士强放着好好的董事长不当，回到村里来创业了！

阔绰舒适的生活不过，回来守着这块土疙瘩？村民们觉得纳闷，李士强日常交际的朋友更无法理解。

“我自己富了，不能眼睁睁看着乡亲们受穷。”做出这番决定时，李士强的脑海中又浮现出回到老家的情形。

有一次，李士强回乡探亲，无意中听到村民的对话，当场就愣在原地。原来，鸡蛋这个普通人家最常见的副食品，竟是一些村民舍不得吃的“奢侈品”。

“这就是我的父老乡亲啊！我自己富了，不能眼睁睁看着他们受穷。”李士强的心就像打翻了的五味瓶，涌起心酸与自责。

多年来，无论身在何处，无论身价几何，李士强总是挂念着生养他的这片土地。

李寨村位于河南安徽两省交界处，偏僻闭塞。这里一马平川，有平原地貌的先天优势，也有深居内地的竞争劣势。而今，传统落后的耕作方式早已无法跟上时代的步伐，李寨村人被贫困的帽子压得抬不起头、挺不直腰。

每每看着父老乡亲依旧面朝黄土背朝天，依旧在贫瘠的土地中耕种着看不到希望的未来，他的心情就无比沉重。

穷苦的滋味，深入骨髓。即便日后飞黄腾达，也记忆犹新。

1957年初夏，李士强呱呱坠地。

从他记事开始，全家的一日三餐好像就只有红薯。当地有句土话说得好：“红薯汤红薯馍，离了红薯不能活。”

可是红薯依旧不能填饱肚子，有村民打趣说：“一只老鼠在村里跑一圈，因为找不到吃的，只好抹抹眼泪走了。”

他的父母拉扯着5个子女，挤在两间土坯房里。冬天进雪，夏天漏雨，西北风一刮，直钻骨头缝。即使是逢年过节，一家人也没有吃过一顿饱饭，穿过一件新衣。

李士强有个二姑，每到吃饭的时候，都会给他留一块馍。小小的孩童抓过馍，迫不及待地咬上一口，嚼了又嚼，再慢慢咽下，馍渣子干刺刺地滑过嗓子眼，带给肚肠难忘的充实，更带给心灵温暖的慰藉。

这一块馍的香甜，让李士强此生无论走多远，都念着家乡的味道，惦着家乡的父老。

54岁，他的事业已到巅峰，他却毅然辞去亿星集团董事长职务，回到了阔别已久的家乡。

穷苦出身的人往往都有一份深沉的乡恋，但并非每个人都能做出李士强的选择。

同年12月，在3000多名村民殷切的眼神中，李士强高票当选为李寨村党支部书记。

当时，李寨全村共有718户、3096人，其中建档立卡贫困户125户、455人，人均耕地不到一亩，截至2011年年底人均年收入仅2700元。

村集体经济为零，还欠着外债，四间村部的房屋跑风漏雨、岌岌可危，农民靠天吃饭，部分人还在温饱线上徘徊，村容脏乱无序，全村上下人心涣散……这就是李士强接手的烂摊子。

贫困盘根错节地扎根于这片土地，肆意生长，已经侵袭到村民的精神世界里去了。想要彻底摧毁它，必须有坚定的意志、强大的能力。

李士强并没有动摇，他暗下决心，就算豁出这下半辈子，也要带领村民闯出一条脱贫致富路来。

他的心里像是熊熊燃起一把烈火，乡亲们每多受一分苦，这火上就多添一瓢烹油

甫一上任，李士强就立下“军令状”：“从2013年起，每年为乡亲们办十件实事，年底让大家伙儿检验，如果办不到，大家就把我赶下台。”

为了这句承诺，李士强几乎每天工作到深夜。

他脱下了西装皮鞋，穿起了布衣球鞋，深入田间地头，走进村民家中，了解各户实际困难，摸清全村真实家底。

第一次走进刘廷运家，眼前的景象仿佛伸出一只无形的大手，紧紧攥住了他的心。

屋子里空荡荡，连张板凳都没有，满头白发的刘廷运佝偻着身躯，艰难摸索着农活。

噩运接连降临在这个家庭，贫困的黑洞深不见底,几乎要把这残存的生命吸干榨尽。

刘廷运的老伴得了急病脑出血，来不及救治，就离开了人世。儿子为了养家糊口，跑去外地给人开车，又在车祸中遇难。儿媳撇下3个

未成年的孩子，杳无音讯。

一夜间，所有的重担都压在这个行动不便的老人身上。为了减轻爷爷的负担，大孙子和孙女都辍学打工，家中只剩下一个还在上小学的弟弟。

老人无声的啜泣，刺痛了倾听的人。

看到这些在极度贫困中挣扎的父老乡亲，看到这些快要失去希望的兄弟姐妹，看到孩子们渴望读书的眼神，李士强的泪忍不住滚落下来。

他的心里像是熊熊燃起一把烈火，乡亲们每多受一分苦，这火上就多添一瓢烹油，炙烤得他坐卧不宁、寝食不安。

半年时间，李士强梳理了全村亟须解决的34个问题和43条村民诉求。白天，他马不停蹄，走访调研；夜晚，他眉头紧锁，费尽思量。

乡亲们最急需的是什么？村里能发展的产业有哪些？千头万绪，李士强不由想起早年自己白手起家创办企业的情形。

1990年，敢闯敢干的李士强“下海”了。他带着7个人承包一个副食批发门市，在河南周口率先打破国有企业固有的平均分配制度，实现按劳分配，当年就取得销售额14万元的喜人业绩。

6年后，李士强率领一支30多人的创业团队，用5万元买下负资产100多万元的股权，成功从国有商贸企业改制、分离出来，成立河南亿星商业副食公司，成为全省第一家挂牌“省”字运营的市级糖酒批发企业。

短短10年间，河南亿星商业副食公司跻身全国商业批发企业500强第86位，拥有企业自筹投资的国家食糖储备库；此后，公司又紧跟国家生态环保、三农产业政策机遇，升级为河南亿星实业集团，实现从单一商贸业向民生行业多元发展的华丽转身。

2003年，国家西气东输管线过境周口。经过公平竞标，亿星集团从14家竞标企业中脱颖而出，取得周口地区天然气经营权。通过10年的艰苦奋斗，输气管网贯通周口各县市区，并率先在全省实现天然气“县县通”。

2008年，为解决周口农业大市“卖难买贵、品牌农业少”的瓶颈问题，进而保障群众的菜篮子供应，亿星集团投资8亿元建成黄淮农产品物流市场，辐射周边10多个省市，目前交易额突破150亿元，位列全国农批综合类市场50强。

一次次大胆探索，无一不是顺应了国家需求。一步步成功跃进，无一不是把准了产业大势。

在国家改革发展的时代洪流中，李士强是幸运的弄潮儿。他越是走向成功，越能敏锐捕捉市场的脉搏、抓住制胜的机遇。

“面朝黄土背朝天的耕种模式刨不出金疙瘩！”看清李寨村的优势劣势，李士强提出：“让土地长出摇钱树，就得找到摇钱树的种子。而这颗种子还得种在农民心里，那就是种植观念必须转变。”

转变是深刻的，亟待一番大刀阔斧的改革。

从产业入手,李士强带领村民先后成立了蔬菜、红薯、果树、苗木等7个专业合作社,建设支前粮车间、三粉加工厂、服装加工厂、光伏发电4个集体企业,建起69座温室大棚,创造就业岗位1100多个。

从土地入手，李士强组建李寨农业发展公司,将全村土地流转,开展规模化优质生产,农户土地流转有收入，参与生产有工资，年底还能再分红。

从资金入手，李士强帮助43户村民获得贷款，解决了他们启动资金短缺的问题。

从生产、生活基础建设入手，李士强带领干部群众打机井47眼、深水井1眼、建水站1座，使3000亩耕地达到电气化浇灌；全行政村修公路12公里，安装路灯400盏，沟渠清淤6000米、修建桥涵3座；铺设饮水管道14000米，实现了户户通自来水。李士强还利用亿星集团天然气产业的优势，先后投入377万元使李寨村村民在周口市率先用上了天然气。

新官上任三板斧，李士强一出手就有真功夫。他没有一头扎进大干快上的经济建设，而是把改善民生摆在脱贫攻坚的首要位置，与发展产业协同联动。

通过“‘一对一’结对帮扶”“产业拉动、组织联动、企业带动”“村企、民企贴息补助”“教育助学、技能培训”“特困兜底”等一系列“拔穷根”的实招，乡亲们看到了“好日子”的曙光，找到了“要奋斗”的动力。

截至2017年，李寨村流转土地670亩，解决农民120人就近就业，实现全村有劳动能力者，人人有活干。

刘廷运的脸上渐渐有了笑容。他先是进入村集体企业就业，成为有固定工资的保洁员；家里的6.6亩耕地流转到李寨农业发展公司后，每年可得到6600多元收入，还享受村集体经济蔬菜大棚、光伏发电及企贷企用分红；他和三个孙子孙女每年可以领取低保救助7392元，他还有专门的长寿基金；上初中的小孙子还有助学资助，可以安心读到大学毕业。总的算下来，全家年收入可达4万多元。

从过去的捱一天算一天，到现在的活一天乐一天，刘廷运第一次感到生活有了着落，心里有了盼头。

李寨村的孩子，必须要走出去，为家乡带回新希望

2016年7月，一封高考录取通知书寄到了村民李先锋家里，他的女儿以高分考入河南大学中文系。

村里又出了一名大学生，本是件喜事。可是李先锋一家却愁断了肠。作为家庭主要劳动力，李先锋长期患病，全家就是砸锅卖铁，也凑不齐学费。

再穷不能穷孩子，致富还得有知识！李士强得知后，与村两委商定，给予李先锋每年2500元的贫困户补助、给予孩子3000元的升学奖励。

孩子启程去报到那天，李士强也和村干部一道送到了村口。透过孩子青春洋溢、意气风发的笑脸，他仿佛看到了当年那个勤奋刻苦、好学上进的自己。

穷人的孩子早当家，李士强很早就开始分担家里的重担。上中学时，为了赚取一块两毛钱的学费，这个瘦弱的少年赤着脚，在冰天雪地里拉板车。

生活的动荡更让人向往宁静的校园。李士强十分珍惜学习时光，一路以优异成绩读到初中毕业，进了村里的生产队。

队里分配给他的任务是收大粪。走街串巷，把每家每户的大粪挖出来，再挑到队里的集体粪坑。

又脏又累，当他拖着疲倦的身体回到家，母亲的安慰就如一股清泉，沁入他的心田："粪虽然臭，心里是干净的就行。"

母亲这句朴素的话语，他记了一辈子，也践行了一辈子。

16岁那年，李士强背着小包袱，外出打工。

搬运工、船工、泥瓦工、植树造林工、窑厂工人、乡村推销员……哪里需要人手，他就去应聘；别人吃不了的苦，他都扛得住。

夜深人静、凄风苦雨，他会特别强烈地思念家乡。他在心里给自己打气：再坚持一下，再努力一点，一切都会好起来的！

贫穷好比泥淖，软弱的人面对它，只能怯懦退缩、裹足深陷；坚强的人会穿越它，所向披靡、一往无前。

凭着任劳任怨的实干，李士强在多个工作单位都表现出色。他的名片上，不断添加全国经销大王、创新标兵、高级经济师等各类头衔和荣誉。

半生奋斗，从食不果腹、衣衫褴褛的农村青年到创造亿万财富、累计捐款5000多万元的慈善大使，从管理8个人的小门市部负责人到坐拥大型集团公司的民营企业家，李士强深刻懂得：没有知识，就甩不脱贫困；缺少见识，就走不了太远。

他自掏腰包81万元，改扩建当地小学，吸引优质师资。经过几年发展，李寨村小学的教学质量跃居全县第一。他又投资建起李寨幼儿园，让数十名留守儿童有了“温馨家园”。

每每有朗朗读书声从窗明几净的校舍内传出，李士强便觉得心神安宁、神清气爽。每每听到村里的孩子又考取了大学，他就好像是自家孩子有出息了一般，欣喜若狂。

走过半生，他没有衣锦还乡的志得意满，反倒常常有近乡情怯的惶恐不安。越是看到外面的繁华，就越是心痛家乡的沉寂；越是目睹村庄的落后，就越是觉得自己的努力还远远不够！

“李寨村的孩子，必须要走出去，为家乡带回新希望。”李士强的心里，暗暗又许下一个心愿。

村民刘霞的丈夫李志田常年在外打工，家中三个孩子都指望她一个妇道人家。大儿子患有先天脑瘫、卧病在床，为了给他治病，这个家早已一贫如洗，老二和老三正在上高中，虽然成绩优异，却随时担心要辍学。

村里办了企业，刘霞盘算着可以就近务工、补贴家用，可一想到三个孩子，她又打了退堂鼓。

在村班子会上，李士强的提议又一次获得一致赞同，从村集体经济收益中拿出一万元，对这个家庭进行帮扶。

“先让孩子上学，这个可不能耽误，只要有了知识，掌握了技术，未来就有希望；你们家里的困难村里一定帮你们解决的！”

刘霞颤抖着双手，泪水像断了线，什么话也说不出来，只是不住地点头。

在李士强的关照下，刘霞进入村集体企业就业，在照顾家庭的同时能有一份稳定的收入。

从大儿子的残疾人生活补贴到两个孩子上大学的助学金申请再到全家的产业分红、医疗保险和免缴新农合，刘霞的愁事接二连三地被村委会解决了。她逢人便说：“孩子们有了知识，以后只有享不完的福，我们真是赶上好时候了！”

有了知识，村里娃就能插上翅膀，来日就能展翅高飞。长了见识，村里人就能找到门路，将来都是致富能手。

李士强坚信，李寨村的公益助学行动不仅解决了一个个家庭的燃眉之急，更将照亮一个村庄的希望之路。

乡亲们的愿望很简单，汗珠掉土里能催熟庄稼，肩上套犁耙能耕耘梦想

“我不干了！”一天，李士强的办公室冲进来一位垂头丧气的年轻人。

他叫李平亮，原本在外务工，听说李士强鼓励村民成立合作社，主动回村发展西瓜种植。

李士强为李平亮制定了大棚西瓜种植方案，并签订了包销保底协议。没想到合作社成立第一年，资金投入大，技术不熟练，亏损近10

万元。

“起早贪黑，不仅没挣到钱，还赔了这么多。”李平亮一脸沮丧。

“平亮，干事业都会有挫折。我当年白手起家经历的困难比这大得多。事情要往好的方向看，虽然赔了十万元，但你有了千金不换的经验，也找到了西瓜种植的技术薄弱点，明年可以东山再起。”李士强耐心相劝。

“我把家底都赔进去了，怎么再起啊？”返乡创业最害怕的是多年奋斗打了水漂，李平亮的家庭状况实在承受不了鸡飞蛋打的损失。

“我帮你垫付亏损，只要明年好好干，一定会赚回来。”李士强的一句话，打消了对方的疑虑。

言出必行，李士强自掏腰包补上亏损，帮助李平亮渡过了难关。他还请专家为李平亮讲解西瓜种植技术，随时监测西瓜长势。经过一番努力，第二年西瓜大获丰收。

为了拓宽西瓜的销路，李士强个人又拿出500万元设立帮扶专项资金做担保，如果市场价高于协议价，经销商按照市场价收购。如果市场价低于协议价，经销商履行协议价，差价部分由专项资金补贴，保证西瓜能够卖上好价钱。

在李士强的支持下，李平亮又与村里的贫困户组建了“亮剑种植合作社”，承包了村里165亩土地发展特色农业，郁郁葱葱的大棚蔬菜，一亩地能有3万多元的收成，吸收98名贫困人员务工，平均每月收入1960元。

没有资金扶持，村民创业就是无源之水；没有技术指导，产业致富就是无本之木。深谙这个规律，李士强开始特别关注那些渴望创业却缺乏经验的年轻人。

四川姑娘李梅嫁到李寨村，夫妻俩厌倦了外出务工的漂泊生活，回乡创业搞起了养牛场。

因为没有养殖经验，再加上资金不足，牛场日渐颓败，病牛数量增多，一盆冷水浇灭了创业的满腔激情。

李士强注意到了他们的窘困，主动来到他们的牛场，为他们提供无息贷款，鼓励他们继续学习养殖技术。

如今，李平亮的蔬菜大棚、李梅家的牛场，成了李寨村吸引外出务工人员返乡创业的“样板工程”。李寨村的企业一时如雨后春笋，焕发蓬勃生机。

在家乡的土地上，每个人都享有创业致富的机会。李寨村提出的“架起回乡创业桥梁、提供创业优惠政策、优化回归创业环境”三项措施，先后吸引26位外出能人返乡创业。

56个良种育苗工场、日光温室大棚、蔬菜大棚和30亩藕池相继建起，“李寨有机西瓜”“冯营黑土地五谷”等品牌产品销往全国。

目前，全村建有4个村集体经济企业、7个专业合作社，实现了产业扶贫全覆盖、基础设施全完善、全村耕地全流转、种植结构全优化、扶贫兜底就业收入全保障，达到人人有活干，户户有收入，全村人均纯收入，2017年年底达 11435元。

过去，邻近的村庄见到李寨村人爱搭不理，而今，李寨村成了大家观摩学习的榜样。村民们个个都扬眉吐气：脚下的这方土真的变成了聚宝盆，淘出了金疙瘩！

看着乡亲们日渐绽开的笑脸，李士强心里不住感慨，其实，乡亲们的愿望很简单，汗珠掉土里能催熟庄稼，肩上套犁耙能耕耘梦想。

不但要让乡亲们的腰包鼓起来，还要让他们的精神富起来

日子越过越红火，村民的精气神也越来越旺盛。一些爱喝酒、好打牌的闲人、懒人，成了全村脱贫致富的“钉子户”。

扶贫先扶志，治贫先治愚。李士强通过观察，找准了一个帮扶对象——李海东。

李海东没有工作，因为嗜酒好赌，还欠了不少外债。李士强来到他家，拉个板凳，和他一聊就是大半天。有时候看到他家中杂乱，还撸起袖子帮他打扫收拾。

起初，李海东还理直气壮，后来，就有点不好意思。最终，他红着脸，主动要求进村里企业工作，成了一个按时上班、自食其力的人。

“没有李书记，我现在还是个穷光蛋，让人瞧不起。”李海东的事例影响带动了一批村民，大家伙告别了“等靠要”，在村里走路都挺起了腰板。

如果把李寨村比喻成一条河流，贫困之石曾把它堵成一滩死水。如今，顽石被先进的理念一一击碎，河水从此奔腾向前，川流不息。

2014年，李寨村脱贫63户；2015年，脱贫89户；2016年脱贫27户；2017年实现全村脱贫。2018年村民人均收入超过1.4万元，比李士强上任时增加了近四倍。

过去的老朋友见到李士强，发现他的脸晒黑了，白发变多了，背也有些驼了。有人劝他，乡亲们都富起来了，你也该回城歇歇了吧？

可是他笑了笑，摇摇头，反而比以前更忙了。

家乡究竟有多美？李寨还可以怎么变？走在村中的每一处角落，李士强的目光既有欣赏又带挑剔。

回想他这些年走过的地方，他深深感到，盖起新房、搭起大棚、建起企业还远远不够，不但要让乡亲们的腰包鼓起来，还要让他们的精神富起来。

按照“爱国、首善、兴业，人和、村美、家富”要求,李士强在全村启动了以“传承好家风、养成好习惯、形成好村风、争当好村民、建设好乡村”为内容的“美好村民”评选活动。

沿着李寨村主干道一路前行，笔直的路灯灯杆上，悬挂的彩色路标格外醒目。上面分别展示着“优秀党员”“创业标兵”“帮扶模范”“最美村民”的照片和事迹。谁家要是有人上了榜，比村里多发了工资奖金还激动。

乡亲们的生活富起来，心气更齐了。以前村里要修个公共设施，大家伙儿往往是七嘴八舌，一哄而散。现在只要是对村子有好处，大家伙儿都争着鼓掌敲锣，出工出力。

如今，走进占地1200平方米的文化广场，阅览室里有人在读书、书画室里有人在练字、文体室里有人在下棋。到了周末，这里就成了全村最热闹的场所，大伙儿经常聚在一起打球、健身，跳广场舞。

破茧成蝶。这片曾被贫困缚住手脚的土地，一跃成为全国美丽乡村建设试点村、全国乡村旅游扶贫开发试点村。

至2018年年底,全村投入1.3亿元用于各项建设，60余项惠民工程陆续建成。村里70岁以上老人5年来累计领取70多万元“敬老基金”。

生在李寨、长在李寨，脚下这方泥土是我永久的牵挂

2013年，李士强以新型农民的身份当选为第十二届全国人大代表。对于他而言，这个新身份不仅是荣誉，更是沉甸甸的责任。

一有空，他就钻进大棚、蹲到地头，走访村民、种养殖大户，搜集大家的所盼所想。

2013年全国两会，李士强提出了13条建议和意见，其中一个建议，引起全国人大常委会的高度重视，并及时转交有关部门办理。

不久，安徽省政府、河南省交通厅对这个建议做出书面回复，支持通过道路升级和交通升级，打通豫皖两省三县间粮食主产区的多条断头公路，方便沿线群众出行和物资交流，带动贫困县农民尽快富起来。

农业发展的堵点在哪里？农村致富的热点在哪里？农民生活的难点又在哪里？这个农民出身的全国人大代表不顾严寒酷暑，怀着满腔热忱去寻找，去奔走、去呼吁。

“我是农民的代表，为老百姓说真话、办真事，是我的责任和义务！”踏着一双铁脚板，怀着一颗赤子心，李士强深入土地、贴近乡亲，他懂得村民致富的渴望，更了解他们前进路上的拦路虎。

因病返贫的村民需要帮扶，技能落后的村民需要培训，优势产业不明显的村庄需要拉动……他们需要的不仅是钱，还有好点子、好思路、好政策。

2014年全国两会，李士强又提出18条建议。其中，关于“精准扶贫”的建议他思考了很久，也调研了很久。“精准扶贫”上升为国家政策后，他把家乡作为这个新想法的试验田，向脱贫攻坚发起猛攻，打响了经营“千亩无公害红薯”项目的硬仗。

2017年6月10日，天降贵雨，李士强一脚泥一脚水，领着省扶贫办的同志大踏步走进村会议室。雨后是栽种红薯的最佳时节，必须抢天时把红薯以最快的速度，高质量、高标准种好。

“千亩无公害红薯”项目是李寨村响应国家农业供给侧结构改革精神，调整农业种植结构、提高土地产出效益、增加农业附加值的示范带动项目，也是实施三粉加工、拉长产业链条、壮大集体经济、给村民带来稳定增收的重大探索。为了这个项目，李士强已经忙上忙下，运筹了很久。

从调配人力到技术指导，从质量监控到后勤保障，每个环节李士强都熟稔于心，反复强调。

忙活了大半天，他还不放心，又跑去村小学食堂，查看午饭供应和饮水配送的准备工作。

第二天上午，天气放晴，李寨村的红薯种植大会战正式打响。近200名劳动力准时到岗，一车车秧苗运进来了，每个村民组分为一个“战区”，列队成行、行进播种。

李士强戴着草帽，从这个“战区”走到那个“战区”，兴奋地扯着嗓门，询问着各项工作。

骄阳似火，汗水顺着脖颈流过胸膛，浸透了衣衫。泥土带着雨后的清新，沾在手上、腿上和脸上，此刻闻来竟是无比芬芳。

这汗流得畅快淋漓，这是李士强感到无比幸福的时刻。因为他又为家乡办了一件实事好事：

“千亩无公害红薯”项目，既能让优质农作物规模化生产，又能使参与的农户每年得到每亩1000元土地流转费用，年底还能有2500元分红。未来“唐三粉生产基地”将成为全村增收的稳定支撑。

几个战役打下来，截至2018年年底，李寨村已经实现了李士强提出的“三全”目标——农业结构全调整，有劳动能力村民就业全覆盖，贫困农户收入全保障。

天道酬勤。用心耕耘着这片土地的人，也收获了更加丰盈的人生。

2018年10月17日，在全国扶贫日当天，在全国脱贫攻坚表彰大会暨脱贫攻坚先进事迹报告会上，李士强作为全省3个个人奖获得者之一、周口市唯一一个获奖者走上领奖台，领取了全国脱贫攻坚奖奋进奖奖杯。

“致富心系故土贫，老骥伏枥志攻坚。”这是组委会对李士强的获奖评语，也是对他脱贫攻坚工作成绩的充分肯定。

作为光荣脱贫和带领群众脱贫的先进典型，李士强应邀参加了巡回报告团。

“能够投身这场战役，真是人生之大幸！”已经61岁的李士强站在讲台上，眼含热泪，饱含真情：“面对这样一个蕴含使命和荣光的时代，唯有尽锐出战、扎实行动、不懈奋斗，赢来不含水分、实实在在的脱贫成果，才能不辜负党的重托，不辜负父老乡亲的期盼。”

脱贫攻坚，一头连着伟大复兴的中国梦，一头连着贫困群众的热切期盼。李士强从没有想到，自己对家乡的那份眷恋，最终会让他投身于这项伟大的事业，成为最基层的推动者和贡献者。

首次消除绝对贫困，在中华民族几千年发展进步的里程碑上，会有他和千千万万农民兄弟的名字。这份信念、这个梦想，已经深深扎根在家乡的泥土，成为他生命中不可或缺的养分和力量。

2018年年底，李士强像往年一样，向乡亲们交出满意答卷：“父老乡亲们，今年承诺为大家办的‘十件实事’全部完成，共投入资金1635万元。第一件，投资300万元，完成1500平方米李寨综合服务中心建设；第二件完成134座塑料大棚、30亩藕池建设……相信，大家的日子会越来越好。”

2019年春节黄金周，李士强又开始为“李寨村2019年十件实事”操劳奔波：筹划全年培训工作，提高村民技术技能；投资3560万元，新建大型养牛场；投资150万元，打造现代化食用菌生产示范基地；投资100万元，打造李寨孝道文化长廊……

李士强的心里还有一本账，下一步要按照“产业兴旺、生态宜居、乡风文明、治理有效、生活富裕”的20字方针要求，着力推进乡村振兴战略在李寨村落地生根，开花结果，实现全体村民家门口就业，以及医疗、教育、养老全保障，确保2020年年底把李寨村建设成为富裕、和谐、文明、美丽的全面小康村。

返乡创业18年，弹指一挥间，家乡的每一寸土地都浸透着李士强的心血。

不是倦鸟归巢，而是鲲鹏展翅，他和乡亲们晴天一身汗，雨天一身泥，一起亲手把家园建成了梦想中的样子。

有人对他说，李寨村已经是模范村了，你也该学学同龄人，含饴弄孙，颐养天年。李士强却依旧摇了摇头，淡然一笑：“我生在李寨、长在李寨，脚下这方泥土是我永久的牵挂。”

（◎吴晶 林鄂平 朱洁英）